자연이 살아야
우리가 산다

자연이 살아야
우리가 산다

| 신경용 지음 |

도서출판 물푸레

"이른 새벽에 금화동산을 걷는다.
늘 그렇듯
새벽 공기는
내 온몸을 청량함과 상쾌함으로
물들이고 있다."

－신경용

추천의 글

신경용 박사는 커넬글로벌대학교 한국 사무실 이사장이자 자연보호중앙 연맹 '자연보호 달성군 협의회' 회장이다. 본업에도 충실해 사회복지법인 금화복지재단 이사장으로서도 큰 역할을 하고 있다. 이런 화려한 경력을 보면 '금수저' 집안에서 태어난 것 같지만 실제로는 그렇지 않다. 그는 독학으로 열심히 기업까지 일군 대표적인 자수성가自手成家형 인물이다.

이 책의 제목은 《자연이 살아야 우리가 산다》인데, 자연보호 회원들에게는 익숙한 말이다. 그는 책에서 "사실 자연환경보전 문제는 자연환경 훼손 문제, 자연환경 파괴 문제, 자연환경 위기 문제로 인간에게 오래전부터 주어져왔다. 홍수, 가뭄, 지진, 산사태 같은 자연재해로 우리는 해마다 수많은 인명 피해를 겪고 있다"면서 자연환경보전 위기는 인간이 만들어낸 인류의 문제라고 전제하고, 구체적인 예를 들어 해법을 제시한다. 그는 또한 "인류 역사상 최대 관심은 '역사의 끝자락에도 이 지구상에 인류가 살아남을 것인가, 멸종할 것인가?' 하는 점이다"라고 경고하고 있다.

신경용 박사는 결론적으로 자연과 함께 사는 우리의 삶은 즐겁다고 강조하면서, 모든 사람이 즐거운 마음으로 자연보호를 해야 한다고 역설하고 있다. 이 책은 국민과 자연보호 회원들이 알아야 할 모든 것을 담고 있다.

그가 자연보호 달성군 협의회 회장으로 여러 해 동안 활동해온 만큼 이 책을 독파해보면 모순된 이론이 전혀 보이지 않는다. 이 책이야말로 '실천하는 양심'을 그대로 전하고 있다. 일독을 권하고 싶다.

자연보호중앙연맹 총재 **이재윤**

신경용 박사는 불굴의 도전자입니다.

일찍이 어려운 가정형편으로 산업 일선에 뛰어들어 힘든 삶을 스스로 열어나가야 했으나 결코 주저앉지 않았습니다. 성실히 일해 마침내 섬유공장의 중견 직원이 되고 끝내는 공장을 인수해 경영까지 하게 되었습니다. 이때 수많은 사람과 부대끼면서도 꿋꿋이 지도자적인 위치를 지켰으며, 타의에 의해 부도 위기도 여러 번 겪었으나 기어이 극복해냈습니다. 중·고등학교도 검정고시로 돌파했으며, 주경야독晝耕夜讀의 어려운 과정을 거쳐 마침내 교육학 박사 학위까지 취득했습니다.

신경용 박사는 꿋꿋한 원칙주의자입니다.

섬유공장을 성공으로 이끈 그는 더욱 밀도 높은 이상을 실현하고자 유치원을 설립했습니다. 이 유치원에서 교육시설 하나하나를 다듬으며 육영사업의 바탕을 다졌습니다. 그러나 이에 머물지 않고 금화복지재단을 설립해 노인복지에 힘쓰는 한편, 지금은 커넬교육재단을 열어 이 시대가 요구하는 유용한 인재 양성의 위업에 매진하고 있습니다. 순간순간이 살얼음 위를 걷는 것과 같았으나 그럴 때마다 기본을 지키는 원칙주의자로서 극복해왔습니다.

신경용 박사는 창의적인 개척자입니다.

지금까지 이룩한 성공적인 경제 활동, 봉사 활동, 교육 활동 등을 바탕으로 이번에는 환경운동가라는 더욱 원대한 비전을 열어가고 있습니다. 이를 위해 학위 논문 주제를 '자연보전'으로 정하고 세계 각국의 자연보호 사례를 연구하는 한편, 자연보호중앙연맹 '자연보호 달성군 협의회'를 맡아 지행합일知行合一을 실천하고 있습니다.

이러한 신경용 박사가 이번에 집필한 책은 우리 삶의 밝은 지침이 될 것으로 확신해 감히 일독을 권하는 바입니다. 우리 둘레에 이러한 분이 있다는 것은 참으로 복된 일이 아닐 수 없습니다.

아동문학가·교육학 박사 **심후섭**

신경용 선생! 그를 수식하는 단어는 많다. 박사, 사업가, 수필가, 작가, 아동교육가, 자연보호 연구 및 실천가….

나에게 신경용 선생은 어려운 이웃에게 한 그릇의 밥을 마련해 나눠주는 사회복지인이자, 소외된 이웃과 함께하고자 사회복지법인을 설립한 '법인이사장'이다.

신경용 선생은 '숲을 가꾸면 새가 모여든다' 는 모토 아래, 지치고 힘든 이웃들에게 안식처를 제공하는 것을 목표로 재산을 기부해 사회복지법인을 설립했다. 그를 만난 지 오래되지 않은 즈음에 나는 그에게 " '숲을 가꾸면 새가 모여든다' 는 것이 당신의 삶의 모토이지 않은가. 많은 이에게 안식처가 될 일감을 만드는 것도 중요하지만, '신경용' 이라는 사람 자체가 평온한 강이 되어 많은 고기를 품고, 화창한 하늘이 되어 여러 새들을 기르며, 기름진 땅이 되어 알찬 곡식을 키우는 그런 넉넉함으로 사회복지계의 어른이 되고 동료와 후배들에게 빛이 되는 사회복지인이 되어달라"고 요청한 적이 있다.

그 후 한참의 시간이 지났고 신경용 선생이 펼치는 복지사업 영역이 넓어지면서 전문성이 깊어짐에 따라 그가 만들어가는 '새들을 위한 숲' 도 많이 갖추어졌으리라 믿는다.

가끔은 만족하고 잠시의 쉼과 휴식도 필요한 법인데, 신경용 선생이 가지고 있는 '부족함에 대한 인식' 은 그를 잠시도 쉬게 하지 않는 모양이다. 조금은 공부를 게을리하거나 책 보기에 쉬어감도 필요하다고 충고해보지만 그는 오늘도 쉼 없이 공부하고, 끊임없이 글을 쓰며, 이웃과 나눌 밥을 짓고 있다. 그런 사람이 신경용 선생이다.

이번 저서 《자연이 살아야 우리가 산다》는 일, 삶, 자연, 인간이 공존하는 그의 모토를 실현하고 있어 일독을 권한다.

대구광역시사회복지협의회 이사장 **강영신**

먼저 귀한 저서를 출간하신 신경용 박사님에게 진심으로 축하를 건네며, 한 권의 책을 내놓기까지 겪으신 집필의 산고에 대해 맘 깊이 위로와 격려를 보냅니다. 가까이에서 함께 삶을 살아온 이웃들은 누구나 잘 알겠지만, 신경용 박사님은 이 시대에 귀감이 되는 입지전적 인물입니다. 어려운 환경을 극복하고 지역사회 복지를 위해 이룩한 헌신의 공적도 지대하지만, 나이가 들어서도 변함없는 학구열로 학문의 깊이와 지경을 넓혀온 초지일관初志一貫의 진지한 노력에 그 무엇보다 큰 감동을 받곤 합니다. 하지만 제가 신경용 박사님을 존경하고 사랑하는 것은 다른 이유 때문입니다. 그것은 그분의 글과 수필에서도 읽을 수 있듯이, 변함없는 순박함입니다. 이번 저서도 그 순박한 꿈으로 봉사하고 섬기며 희생하고 살아온 삶의 결실이기에 참으로 소중하게 여겨집니다.

지금까지 인류 문명은 인간 생존의 기반이 되는 자연환경을 파괴하며 건설되었습니다. 이로 말미암아 짧은 안목으로 이기심을 충족해온 과거의 시행착오가 이미 심각한 위기로 다가오고 있음을 전 세계가 직감하고 있습니다. 다음 세대를 내다보면 더욱 암울해지겠지만, 작금의 환경 문제는 미래세대의 문제가 아니라, 이 시대 사람들이 당장 긴급하게 풀어야 할 심각한 난제입니다. 우리는 지금 환경 문제에 대한 맹렬한 질문 앞에 서 있습니다. 신경용 박사님의 저서 《자연이 살아야 우리가 산다》는 바로 이러한 고심 앞에서 대안을 모색한 역작이라 여겨져 일독을 권합니다. 바라건대, 이 책을 통해 환경 회복 운동의 저변이 다각적으로 확대되었으면 합니다.

성경은 인류의 종말론적 변수에 대해 세 가지 관점에서 접근합니다. 하나는 인간 내면의 부패와 타락이고, 다른 하나는 신앙 차원에서 영적 세계의 죄악과 혼돈이며, 마지막은 지구촌부터 우주에 이르기까지 생존환경 파괴입니다. 한데, 이 세 가지는 개별적 영역이 아니라 창조주 하나님의 선교적 명령과 문화적 명령에 의해 하나로 맞물려 있습니다(창세기 1:28). 따라서 이 모든 문제는 궁극적으로 함께 풀어가야 하며, 이를 위해서는 아름다운 우주를 창조하신 창조주 하나님 앞에서 인식의 패러다임을 바꿔 인간에게 부여된 책무를 다시 깨닫고 복된 창조 질서를 회복해나가야 합니다. 신경용 박사님의 《자연이 살아야 우리가 산다》가 기폭제가 될 것으로 보여 다시 한 번 추천하며, 독자 여러분에게 우리 주 예수 그리스도의 은혜와 평강이 영원히 함께하길 축원합니다.

Servant Kim 목사(Th.D. D.Ed)·Kernel World Mission 사무총장

'천하가 흥하고 망하는 데는 평범한 사람에게도 책임이 있다'고 했습니다. 그것은 역사가 항상 왕과 장군의 힘으로만 흐르지 않았음을 의미하며, 이를 다른 관점에서 보면 평범한 사람의 삶에서도 역사를 매듭짓고 풀어내는 사건이 통합되어 있음을 뜻합니다. 더욱이 그 '평범한' 사람이 왕후장상王侯將相 못지않은 끈기와 성실함으로 자신의 삶을 개척했다면 그는 반드시 유명인에

버금가는 영향을 미치는 인물일 것입니다. 산을 옮길 것을 고집한 우공愚公이라는 노인이나 연암 박지원朴趾源에게 평생을 두고 새길 교훈을 남긴 민옹閔翁 역시 역사가 이름조차 전하지 못했지만 오늘날까지 어떤 왕이나 학자보다 더 큰 영향력을 발휘하는 위인들입니다.

신경용 금화복지재단 이사장도 바로 그런 인물이라고 확신합니다. 젊은 시절 섬유업, 중년에 유아교육과 사회복지, 그리고 대학과 평생교육 실현…. 그의 삶만 찬찬이 살펴도 1970년대부터 2020년 지금에 이르기까지 지역사 地域史를 완성할 수 있을 듯합니다. 그 세월 한가운데에는 언제나 큰 물줄기처럼 '사람 사랑, 자연 사랑'이 흐르고 있었습니다.

이 삶의 한편으로 자연보호에 대한 소신 있는 경험을 집대성해 책이 나왔습니다.

그는 우리 시대의 '달인'입니다. 달인은 무엇이든 척척 해낸다는 뜻도 있겠지만, '무명의 위인'이라는 의미가 더 강합니다. '알려진 것과 삶이 일치하는 사람'을 가리킵니다. 그는 평범하지만 위대한 삶을 살아가는 사람입니다.

《자연이 살아야 우리가 산다》는 무명의 위인 신경용 이사장의 '사람 사랑, 자연 사랑'에 관한 책입니다. 소박하지만 위대한 그의 글에 큰 박수를 보내며 독자 여러분에게 이 책을 적극 추천합니다.

한국일보 대구경북 대표이사 **유명상**

자연은 우리의 삶을 가능하게 한다

"사랑하는 사람에게 꽃을 왜 줄까?"

"숲을 걸으면 왜 기분이 좋을까?"

우리는 활짝 핀 꽃을 좋아하고 산꼭대기에 쌓인 눈에 감탄합니다. 자연은 인류를 유지하게 하고 삶에 기여합니다.

자연에서 느끼고, 생각하고, 치유받습니다. 인류의 행복과 건강한 삶을 위해 자연환경은 보전되어야 합니다.

지구는 위기 시대를 맞이했습니다. 우리는 '지구온난화'를 넘어 '지구 열화'의 시대를 살고 있습니다. 이 상황은 인류 종말을 예고합니다. 자연환경보전이 지금 우리에게 해답입니다.

저는 자연보호 활동가로 오랫동안 힘써오고 있습니다. 실제 현장에서 역동적으로 일어나고 있는 실천 프레임을 가지고 본질적인 유기체적 가치에 기반한 자연환경보전에 대해 여러분에게 이야기하고 싶습니다.

자연환경에는 고유한 가치가 있습니다. 이를 자연환경의 '유기체적 가치organic value'라고 합니다. 인간과 자연, 자연과 인간은 공존의 원칙을 바탕으로 유기적 관계를 유지하며, 지구 존속에 상호 보완적 역할을 합니다.

그런데 인류 문명 발달에 따라 자연환경이 심각하게 훼손되고 파괴되고 있습니다. 이는 자연환경보전을 위한 패러다임의 진보와 발전에서 '본질적인 내재가치'를 우선시하지 않았기 때문입니다. 즉 자연환경과 생태계 자체를 고려한 유기체적 내재가치를 바탕으로 자연환경을 보전해야 한다는 뜻입니다. 그래야만 현세대는 물론, 미래세대인 우리 아이들을 위한 의미 있는 자연환경보전이 될 수 있습니다.

이렇게 하려면 먼저 자연환경에 대한 바른 인식부터 가져야 합니다. 자연환경은 유기체의 다양성과 유기체 간 연관성으로 이루어지며, 자정력 및 자생력을 가진 '서로 얽힌 통일된 하나의 집합체unified whole'로서의 구조와 기능이 있다는 점을 이해해야 합니다. 즉 자연환경보전을 위해서는 자연환경의 유기체적 가치를 인정할 필요가 있습니다. 이를 가정하면 자연환경보전의 유기체적 가치에 대한 접근은 첫째, 자연환경의 회복성, 회수성, 연결성을 염두에 두면서 사회 구조적이어야 하고 둘째, 일반화generalization해야 하며 셋째, '공존'의 세계관이 정립되어야 합니다. 그래야 자연환경보전을 위한 합리적 대안이 수립될 수 있습니다.

또한 자연환경보전의 위기를 사회적·경제적·현상적 측면에서 바라볼 수 있어야 합니다. 하지만 현실은 쉽지 않습니다. 개인이 해결할 수 없는 법제적 한계 앞에 무력감을 느껴야 하고, 개인 편의를 최우선으로 하는 포스트모더니즘적 인식 구조가 방해 요인으로 작용하며, 고도성장 주도의 경제 패러다임에 의해 자연환경은 현세대와 미래세대가 동등한 기회로 사용할 수 없게 되어가고 있습니다.

우리는 미래세대의 유산이 될 자연환경보전의 새로운 패러다임을 찾아야 합니다. 그리고 새로운 패러다임을 모색하기 위해서는 자연환경의 자율성, 유능성, 관계성이 핵심 요소가 되어야 합니다.

자연환경의 자율성autonomy은 인간의 행동에 의해 훼손되지 않고 자연환경 자체의 가치가 보호·보존된다는 말로, 자연환경은 자정력이 있어 성장과 도태를 조절할 수 있음을 의미합니다. 이는 인간의 의지와 선택이 인간과 자연은 별개의 개념이 아닌 공존 관계라는 원칙 하에서 자연환경에 반영되어야 한다는 것입니다. 유능성competence은 자연의 가치를 그대로 발휘해 자연환경을 보존할 수 있음을 의미합니다. 자연환경을 보존하는 이러한 능력은 자연환경이 외부 환경과 상호작용할 기회가 주어지면 충족될 수 있습니다. 관계성relatedness은 자연과 자연, 자연과 인간이 안정된 관계를 맺고 유지하는 것을 뜻하며, 그들 사이의 중심성을 주장하지 않는 것입니다. 여기에서는 문명의 역 관계를 고려해야 합니다. 이 세 가지 요소는 자연보호론자 관점에서 답을 찾은 새로운 패러다임의 방향입니다.

어느 날 시작되어 오랜 기간 저는 유기체적 내재가치를 바탕으로 자연환경운동의 새로운 방향을 찾고 있었습니다. 그리고 '사단법인 자연보호중앙연맹 협의회' 일원으로 연구를 거듭해 박사 학위를 취득했습니다. 그리고 여러분에게 자연보호에 대해 이야기하고자 이렇게 글을 쓰고 있습니다. 여러분! 우리 모두 미래세대의 새로운 지평이 될 자연환경보전의 패러다임을 바꾸는 데 함께해야 합니다. 여러분과 함께 새로운 전환을 모색할 수 있기를 바랍니다.

2020년 늦가을

신경용

"누군가

왜 끊임없이 생각하며

일을 하느냐고 묻는다면

세상을 향해 마음을 열고,

사람들과 소통하며,

사랑하고 사랑받고 싶기 때문이라고 말하고 싶다.

가슴에 묻고 있는 감정들을

놓아버리고 싶다.

(중략)

마음을 잠재우며 꿈의 동산을 돌아보면서

지금 이 순간들을 온 마음으로 사랑하며

가슴 가득히 뜨겁게 내 삶을 살고 싶다."

−2020년 5월 8일 금화동산에서

차례

1장
자연환경보전의
출발

자연은 우리의 삶을
가능하게 하는 바탕이다

　사랑하는 사람에게 왜 꽃을 선물할까? 숲을 걸으면 왜 기분이 좋을까? 우리는 활짝 핀 꽃을 좋아하고 산꼭대기에 쌓인 눈에 감탄한다. 자연은 인간의 생명 유지와 안전에 기여한다. 그리고 인간은 자연에서 무언가를 느끼고 생각하며 치유를 받는다. 인류가 더 행복하고 건강한 삶을 살아가려면 자연환경을 보전해야 한다.

　자연은 우리에게 살아갈 터전을 제공해주는 필연적 존재이자 즐거움이다. 아침 새소리는 우리 귀를 즐겁게 하고, 한낮의 검붉은 장미는 화려한 눈부심으로 다가온다. 해질녘에 넘실대는 황금 들판은 가슴을 벅차오르게 하고, 저녁 하늘을 수놓는 별의 향연은 내일을 기약하며 끝없는 안식을 선물한다. 이처럼 자연은 인간이 삶을 살아가는 데 바탕이 되어 늘 따스한 손길처럼 인류 역사에 이익을 가져다주면서 여기까지 왔다.

　그런 자연이 자정력의 한계를 벗어나고 있다. 자연이 파괴되고 황폐되어 인류는 가장 심각한 위기의 시절을 맞이하고 있다. 더 늦기 전에 인류는 자연을 보호하기 위해, 그리고 환경을 지키기 위해 새로운 패러다임을 제시해야만 한다.

　문명 발달의 역사가 곧 인류의 역사인데, 문명 발달의 속도만큼 자연도 빠르게 우리에게서 멀어지고 있다. 인류에게 문명은 자연을 개발하고 정복하며 착취하는 것을 의미한다. 그러다 보니 오늘날 인류가 당면한 최대 위기 가운데 하나가 바로 자연환경 변화, 곧 생태계의 변화다.

자연이 살아야
우리가 산다.
홀로 살아가는
생물은 없다.

생태계는 유기적으로 공존 관계를 유지하며 서로 연관을 맺고 있는데, 현재 처한 위기로 예측해보면 미래세대에게 생태계의 지속성이 계속 유지될 수 있을지, 아니면 더 심각한 위기에 몰리게 될지, 또는 예상치 못한 상황에 봉착할지 결코 알 수 없다.

백로와 왜가리가 날아들어 먹이를 찾아 두루 돌아다니던 샛강의 모습을 이제 쉽게 볼 수 없게 되었다. 메뚜기와 여치, 잠자리 등 계절 전령사들도 사라지고 있다. 논두렁, 봇도랑의 미꾸라지는 어디로 이주했는지 따라가 물어보고 싶다.

바다 하면 우리는 무엇을 떠올리는가? 망망대해, 끝없이 펼쳐진 푸른 물결 속에서 자유롭게 헤엄치는 물고기들과 그 위를 끼룩끼룩 소리 내며 무리 지어 비행하는 갈매기들을 상상할 것이다. 그런데 바다의 모습도 바뀌고 있다. 갈매기 대신 바다를 뒤덮어버린 플라스틱 섬이 나타나고 있다. 이러다가는 30년 후쯤이면 바닷속에 물고기보다 플라스틱이 더 많을 것이다. 생선이 우리 몸에 좋다는 절대적인 믿음도 무너지고 있다. 생선을 먹는 것은 곧 플라스틱을 먹는 것이니까 말이다.

그뿐인가. 공항에 출현한 거북이 떼, 경로의 철새 등등 생태계가 뒤죽박죽이다. 오동도의 동백이 서울에서 피고, 가을꽃 코스모스가 봄 뜰에도 핀다. 세상에서 제일 작은 나무인 돌매화나무가 제주도 한라산에서 사라질 수도 있다. 동식물 모두 헷갈리고 있다. 이는 생태계에 큰 변화가 있음을 예고하는 동시에 인류 생존이 위협받을 수 있다는 예고이기도 하다.

위기가 왜 이같이 성큼 다가왔나? 생태계 위기의 실체를 우리는 깊이 인식하지 못하고 있다. 우리에게 주어진 최대 선물인 자연의 혜택을 이제까지 당연하다는 듯 누리기만 하고, 정작 자연보호에 대해서는 그 존재적 가치를 인지하지 못한 채 어떠한 배려도 하지 않았다. 그리고 자연을 인간의 종속적 지위로 떨어뜨린 결정적인 계기가 경제개발과 고도성장에 있음을 뒤늦게야 깨닫게 되었다. 위기의 시절을 맞이하고서야 자연에 대해 인간이 얼마나 폭력적이고 착취적이었나를 생각하는 실정이다.

몇 년째 계속되는 아프리카 가뭄, 전 유럽을 강타한 불볕더위, 이상 기온에서 빚어진 엘니뇨와 라니냐는 우리 삶에 엄청난 위협으로 다가오고 있다. 그뿐인가. 남극 빙하가 녹고, 해수면이 상승하며, 초원 지대였던 곳이 급속하게 사막으로 변하고 있다. 자연생태계는 더는 본래적 가치와 균형을 유지할 수 없는 상태에 놓이게 되었고, 현세대와 미래세대가 공유해야 할 자연환경보전의 지속성에 제동이 걸렸다. 자연생태계는 순환 고리를 끊으며 고사枯死 위기에 처했고, 인류에게 미래를 장담할 수 없는 심각한 문제로 부각되고 있다.

자연생태계가 이와 같이 위기에 처한 것은 생태계를 지속, 유지시키는 유기적인 동적 상호작용이 무너지고 흩어지게 되었기 때문이다. 그리고 이것은 급기야 인류의 위기가 되어 지구 전 사회를 자연 환경 변화에 대응하면서 생존해야만 하는 절박한 상황에 직면하게 만들었다.

산업화는 우리의 삶에
변화를 가져왔다.

지금 세계는 자연환경을 유지하고 보호·보존하기 위해 다양한 대 안과 정책을 제시되면서 전 지구적 차원에서 자연보호운동을 전개하 고 있다. 일부 시민이 하던 자연보호 활동이 전 국민의 참여로 이루어 지고 있기도 하다. 나 역시 20여 년을 자연보호 활동가로 매진하고 있 다. 많은 보람을 느낀다. 인간과 자연의 조화로운 공존을 추구하면서 국토의 가치를 극대화하고, 지역 발전에 도움이 되도록 자연보호 활 동을 활성화하고 있다.

자연의 건강함이 미래세대를 위한 유산이다. '인류는 앞으로도 지속적으로 생존할 수 있을까? 인간은 왜 자연환경이 나빠지고 있다는 것을 자각하지 못하는 걸까? 그리고 왜 파멸을 자초할까? 어떻게 자연환경 위기를 극복할 수 있을까?' 파괴되어 황폐해지는 자연환경 앞에서 생각해본다.

현재의 방안과 형태로는 자연환경보전에 한계가 있음을 다시 한 번 직시한다. 자연환경보전 문제는 이제 특정 지역이나 특정 사회에 국한된 것이 아니며, 그 해결책은 자연생태계의 유기체적 내재가치를 기반으로 한 새로운 패러다임에서 찾을 수밖에 없다.

자연환경의 위기가 인류의 번영은 물론, 생존조차 위협하는 문제인 만큼, 미래세대를 위한 새로운 패러다임 전환이 가장 중요한 원칙이라고 할 수 있다.

자연환경의 수혜자이자 훼손자인 입장에서 우리는 이제 보전자로, 공존자로 서야 한다. 따라서 가장 먼저, 자연 스스로 자정할 수 있다는 것을 인정하고 자연환경의 유기체적 가치 구조와 기능을 이해해야 한다. 또한 자연은 생물체로서 전체를 구성하는 각 부분이 서로 밀접하게 관련되어 있어 떼어낼 수 없다는 사실을 알아야 한다. 그리고 이를 바탕으로 자연환경의 유기적 접근 방식을 통해 자연보호 활동에서의 새로운 시각을 재정립할 필요가 있다. 문명 발달과 역의 상관관계에 있는 관련 의미들을 재조명해보고, 이를 기초로 자연환경의 유기체적 가치를 이해하며, 사회 구조적이고 범인류적인 자연환경에 유기적으로 접근해 보호·보존·보전 활동을 수행해야 한다. 다음으로는 자연환경보전의 위기 현상을 다각적으로 진단하고, 이를 해결하려 했던 기존 자연보호 활동의 한계를 통해 새로운 존재론적 패러다임의 필요성을 도출해내야 한다.

지금 우리나라는 생물다양성 감소에 따른 자연생태계 위기를 다양한 측면에서 경험하고 있다. 한반도를 중심으로 그 피해 현상과 현상학적 차원의 자연보호운동을 고찰해봐야 할 것이다.

자연생태계 메커니즘에 문제가 생겼다. 생태계로 하여금 자립적인 역할을 하게 하려면 인간의 경제적 관점, 개인주의적 사조 등으로 인

생태계는
자립적인 역할을
할 수 있다.

해 자연보호 활동에 제동이 걸릴 수 있다는 한계를 인식하고, 자연의 자율성과 인간의 일반성을 고려해 자연환경보전에 대한 새로운 패러다임을 모색할 필요가 있다.

자연은 스스로 생존할 힘이 있다

  자연은 우리의 힘이 더해지지 않아도 스스로 생존할 수 있다. 산이 그렇고, 강이 그렇고, 바다가 그렇고, 동식물이 그렇다.

  따라서 자연을 보호하고 환경을 지키기 위해서는 유기체적 내재가치가 기반이 되어야 한다. 생태계ecosystem에는 자연환경과 그 속에서 생존하고 번식하며 진화하는 유기체적 과정이 있다. 그래서 생태계의 유지 메커니즘은 '생성-성장-소멸'을 통해 스스로 자기 증식하는데, 이것을 유지하고 존속하며 성장, 발전시키는 데 작용하는 직접적 원리가 있고, 동기로 작용하는 원리가 있다. 동인과 기제가 있다는 얘기다. 새로운 자연환경보전 패러다임을 모색하기 위해서는 먼저, 자연환경의 유기체적 가치를 인정해야 한다. 자연환경이 가진 유기체적 내재가치를 통해 미래 자산으로서의 자연환경보전 방안을 마련해야 하는 것이다.

  이러한 자연환경보전의 출발은 자연보호 활동가 관점에서 위기를 관리하고 연구하는 태도와 자세이지만, 일반 시민이 실천해야 가능한 일이기에 일반화가 필요하다. 특히 자연환경을 보전하려면 유기적 이해를 통해 자연과 인간 사이에 '공존'의 세계관이 우선적으로 정립되어야 한다. 경제의 '지속가능한 발전'과 인류의 '생존 위협을 최소화' 하는 것은 자연과 인간이 서로 모자란 부분을 보충하면서 상보하는 위치에서 함께 존립한다는 기본 철학을 배경으로 해야 한다.

둘째, 자율성, 유능성, 관계성을 포함한 존재론적 패러다임이 필요하다. 자율성, 유능성, 관계성은 다른 말로 자생성, 유지성, 유기성으로 표현할 수 있다. 자연은 자급자족하는 경향성이 있으며, 스스로 존재할 수 있는 속성인 성장 잠재력과 성장 촉발성을 가지고 있다. 즉 자연은 자라거나 깨어나는 등 스스로 성장할 수 있는 잠재력을 가지는 유기체적 가치 과정에 기초해 그 가치를 자율적으로 유지하고, 자기 보정과 교정 자체를 확장시키려 시도하며, 자발적으로 존재하려 한다. 따라서 이를 인식하는 순환 체계가 인간 활동의 상호작용과 관련해서 달성되는 패러다임 전환이 필요하다. 원 본성을 미래세대에게 물려줄 수 있는 가능성을 증가시키는 것이다. 이는 곧 자연의 존재 속성을 인정한다는 의미다. 따라서 새로운 존재론적 패러다임에 대한 인식이 확산되어야 한다.

셋째, 미래세대를 위해서는 자원순환사회를 달성해야 한다. 자원을 채취해 제품을 생산하고 그 제품이 유통 과정을 거쳐 소비자에게 사용된 후 폐기 처리되는 사회경제 활동 전 과정에서 자원을 순환적으로 이용하는 것은 물론, 천연자원 소비를 감소시켜 폐기물로 인한 환경오염을 가능한 한 줄이는 사회를 만들어야 한다. 자연자원의 연결성, 회수성(복원력), 회복성(탄력성)을 고려할 때 천연자연의 지속적인 사용과 미래세대의 사회적·문화적·경제적 발전을 가능케 하는 대안은 생성된 폐기물 처리에 중점을 두는 사회가 아닌, 폐기물 자체를 줄이는 데 중점을 두는 자원재활용사회를 만드는 것이다. 폐기물 감소에 목표를 둔 자원순환사회가 바로 그것이다.

자원순환은 모호성을 앞세우고 개인주의와 물질만능주의가 중심인 포스트모던 시대에 정서, 생각, 행동 양식이 되는, 즉 시대정신이어야 한다.[1] 아리스토텔레스에 따르면 자연은 '존재하는 모든 것의 기초'다.[2] 법제적으로 정부에서도 최근 '자원순환 성과관리제도'를 도입해 시행하고 있다. 자원순환 성과관리제도란 자원의 효율적 사용, 폐기물 발생 억제와 재활용 촉진을 위한 국가의 중장기, 단계별 자원순환 목표를 달성하기 위해 시도 및 폐기물 다량 배출 사업자별로 자원순환 목표를 설정하고 관리하는 제도를 말한다.

지금 우리의 편의가 현세대와 미래세대에게 결국 위협이 될 것이다.

---

1) 이병욱, 이동헌 외 (2017), 우리의 미래, 환경이 답이다, 프리이코노미라이프, p.98.
2) 최영국, 이범현 외 (2006), Spatial Development and Environmental Degradation: Countermeasures focusing on Planning Process and Institutionalization, 국토원(KRIHS) 2006-21. 국토연구원, p.vi.

기후변화, 오존층 파괴, 생물다양성 감소가 가져온 자연환경 위기 시대에 현세대와 미래세대가 함께 생존하기 위해서는 변화를 모색해야 한다.

무엇보다 현대인은 편의에 안주하고 있다. 그러다 보니 대다수가 위기 불감증에 빠져버렸다. 자연환경 위기에 대한 반응도 그렇다. 자연환경 훼손의 책임을 전혀 통감하지 못하고 편리한 생활에 길들어 있다.

현실적인 인간의 이기심에서 벗어나 지구 공동체적 관심과 실천 방안을 모색해야 한다. 특히 인간은 자연과 공존하는 삶을 살아야 하므로 자연환경보전을 위해 일상에서 노력해야 한다는 전제가 자연환경보전의 출발이 되어야 한다. 천재지변이나 자연재해의 재앙이 닥치면 사람들은 그 타격에 고통스러워하지만, 결국 아무 일도 없던 것처럼

인간의 편의가
자연보호운동에
상실감을 준다.

다시 일상으로 돌아가고 인간은 자연과 공존하면서 살아가야 한다는 사실을 잊어버린다. 철새들의 움직임, 달의 공전 등을 통제할 수 없음에도 자연과 공존하기 어렵다는 생각을 하는 것도 사실이다.

하지만 자연환경보전의 어려움을 극복하기 위해 새로운 패러다임을 모색해야 한다는 데는 부인할 수 없는 위기가 자리한다. 이를 위해 할 수 있는 것은 유기체적 가치화 과정을 통한 자연보호운동으로, 유기체적 가치의 네 개 영역을 알아야 한다. 현 위기에 대처할 수 있는 자연환경보전은 유기체적 내재가치를 기반으로 새롭게 모색되어야 하기 때문이다. 그러나 새로운 방향을 모색하기에는 사회적·경제적 제약이 있는 것도 사실이다. 또한 자연환경의 가치보다 인간의 활동 가치가 우선시되어야 한다는 주장도 영 틀린 말은 아니다. 그럼에도 불구하고 우리는 자연환경 위기에 대처해야 한다.

자연은 완벽한
조화 속에서 움직인다

　자연은 결점이 없고, 서로를 유지하기 위해 상호작용하며, 호혜적 관계로 완벽한 조화 속에서 움직인다. 원래 인간은 자연과 조화로운 관계에서 살도록 되어 있다. 자연환경은 원론적으로in principle 하나의 창조적creatively 질서이자 조화이며, 많은 부분이 일정한 목적 아래서 통일되고 조직되어 각 부분과 전체가 필연적으로 관계하는 조직체다. 또한 그 자체로 본질적 가치를 지닌 유기체적 가치(생물의 가치)[3]의 속성을 가지고 있다. 그래서 인간과 자연은 공존의 세계관에서 유기적 관계를 유지해야 한다.

　그러나 인류는 주체적 시각으로 자연을 바라봄으로써 자연환경을

---

[3] 자연환경보전에서 '유기체적 가치'란 자연환경이 자체적으로 움직이고 활동하면서 자연환경 원래의 모습을 유지, 고양하는 것을 뜻한다.

훼손했고, 특히 인간 주체적 입장에서 상호 침투적 관계를 원하고 있다. 결국 인간의 필요에 의해, 인간의 선택으로 인해 유기적 조화와 법칙에서 벗어난 것이다.

그러다 보니 시대의 변화와 함께 기존 자연보호 패러다임으로는 자연환경을 보전할 수 없게 되었다. 따라서 자연보호운동으로 해야 할 다양하고 중요한 활동 가운데 유기체적 가치화 과정을 통한 자연보호운동의 존재론적 패러다임 전환보다 더 중요한 것은 없을 것이다.

대다수 자연보호운동가가 현실적으로 어려움을 겪게 되는데, 그 이유는 주어진 시대와 상황에 적합하고 효율적인 자연환경보전의 대안에 대한 실질적인 준비가 부족하기 때문이다. 그렇다면 어떻게 해야 자연보호운동가가 하고자 하는 자연환경보전이 유기체적 가치화 과정을 통해 가능할 수 있을까?

미국 사상가 랠프 월도 에머슨Ralph Waldo Emerson이 한 말처럼 "자연을 사랑하는 사람은 내면의 감각과 외부의 감각이 서로 참된 조화를 이루고 있는 사람"이다.

생태계에는 적절히 기능하기 위해 생태계 간 유기적 활동들로부터 한층 더 나아지려는 과정이 있다는 점을 우리는 인정해야 한다. 그리고 무엇보다 자연에 대한 깊은 관심과 지속적인 교육이 요구된다. 유기체적 가치화 과정을 통한 자연보호운동이 모색되어야 하는 것이다.

굴참나무숲에서 우리가 산다.
자연을 사랑하면서 …

이를 위해서는 유기체적 가치의 네 개 영역, 즉 △첫째, 자연 그 자체 △둘째, 인간의 영역 △셋째, 자연환경보전 활동으로서 메시지 △넷째, 유기적 가치와 관계를 짓는 과정인 유기체적 가치화 과정을 통한 자연환경보전이 필요하다. 특히 효과적인 자연환경보전 활동을 위해서는 이 네 개 영역에서의 문제점을 깊이 있게 조명해야 한다. 그리고 이 네 개 영역을 모두 극대화할 수 있는 방안이 연구되어야 한다.

그런데 유기체적 가치 측면에서 오늘날 자연환경보호에 대한 접근은 다음과 같은 취약점을 드러낸다. 첫 번째는 무모한 개발에 따른 위기다. 이는 곧 자연 회복의 무력감에 대한 문제라고 할 수 있다. 두 번째는 현세대가 자연의 피해를 인식하지 못한다는 점이다. 이것은 인간의 무분별한 자연 남용과 오용의 문제로, 인식의 제고가 필요한 부분이다. 자연환경의 피해와 그 손상에 대한 식별력을 사람들이 잃어가고 있기 때문이다. 세 번째는 자연환경보전 그 자체다. 인간은 훼손되어가는 자연환경에 대한 판단력과 분별력을 잃었다. 이러한 이유로 보전 활동이 효과적이지 않다. 네 번째는 정권의 일방적이고 소극적인 정책 태도로 인해 새로운 진로 모색이 구체적으로 제시되지 않아 여전히 오래된 방식으로 접근하고 있다는 점이다. 자연환경의 유기체적 가치에 대한 인식을 제고하지 못한 진부한 방법들은 효과를 거두지 못할뿐더러, 추동력까지 잃게 한다. 따라서 유기체적 관점에서 자연의 유지부터 손상된 자연의 복구에 이르기까지 모든 과정을 강조할 필요가 있다. 또한 효과적인 자연환경보전 활동을 위해서는 이러한 다양한 활동 영역이 유기체적 가치 측면에서 통합된 방식으로 접근되어야 한다.

이제까지 자연환경보전 활동의 패러다임은 훼손된 자연을 복구하는 것으로만 인식되었다. 이것은 인간의 행동적 측면과 행위적 측면에서 인위성이 부각된 인식으로, 수동적 이해로 인해 효과적인 보전 활동이 제한적일 수밖에 없었다. 게다가 활동이 명확하게 식별된 개념에서 전개되기보다 포괄적인 개념 아래서 이루어졌다. 따라서 보호·보존의 다양한 영역에서 발생하는 간극은 줄이고, 근접점을 찾아 자연의 유기체적 가치와 연관시켜야 한다.

미래 지속적인 유산으로서 자연환경을 보전하려면 위기로 맞닥뜨린 자연환경의 변화를 제대로 인식하기 위해 자연의 영역, 인간의 영역, 메시지의 영역, 전달 방법의 영역 등을 재검토할 필요가 있다. 건강한 자연은 이 네 개 영역의 결과이고, 각 영역은 유기체적 가치와 밀접한 관련이 있다. 이 네 개 영역의 집합체로서 역할에 의해 자연이 제대로 보존되지 못하는 이유는 개개의 역할 때문이 아니라 네 개 영역이 결합되지 못한 접근 방식 탓이다. 따라서 효과적인 자연환경보전을 위해서는 분별력과 명확성을 가지고 각 영역을 숙고하면서 통합적으로 강화할 필요가 있다.

대안을 모색할 때는 그 구심점이 자연의 유기체적 가치를 바탕으로 해야 하며, 자연환경보전의 방향과 목표는 자연환경 위기의 대상과 현상 등을 위기 범위와 한계 안에 모두 포함시켜 정해야 한다. 단, 생태계가 크고 작은 혼란스러운 상황을 겪은 후 회복되어 원래의 생물종과 군집으로 돌아가는 특성을 유지할 수 있어야 한다는 점도 명심해야 한다. 명확하게 식별되어 전략적이고 동반적인 관계여야 하는 것이다.

자연환경보전과 더불어 자연자원이 고갈되지 않도록 새로운 협력 체제도 만들어야 한다. 우리가 사용하고 미래세대가 사용해야 하는 자연자원이 지금도, 미래에도 고갈되지 않도록 새로운 협력 체제를 만들 필요가 있다. 자연에 접근해 자연과 인간 사이의 깊은 교류를 찾

자연자원이 고갈되지 않도록
새로운 협력 체제를
만들어야 한다.

고, 확고하면서도 정확한 미래 영향을 예측할 수 있어야 한다. 자연환경보전을 위한 패러다임은 환경보존의 필요성과 보호운동이 강력하게 전달되는 것이 중요하기 때문이다.

한마디로 유기체적 가치를 효과적으로 전달하기 위해서는 자연보호 활동에 더해 자연의 유기체적 가치에 대한 이해를 넓혀야 하며, 유기체적 내재가치에 기반한 패러다임 전환을 모색해야 한다.

생태계는 자기 조절 능력, 회복 조절 능력이 있다

건강한 생태계는 어떤 요인에 의해 일시적으로 평형이 깨지더라도 처음 상태로 다시 회복하는 조절 능력이 있다.

자연환경보전은 자연이 가진 근본적인 특성과 속성인 내재가치를 인정하는 데서 출발해야 한다. 자연환경의 내재적 가치를 인정한다는 것은 곧 종과 종이 서로 의지해 '생성–성장–소멸' 방식으로 생존사슬과 생태사슬을 유지하는 자연생태계 전체의 내재적 가치를 인정한다는 의미다.

자연환경의 위기에서 자연생태계는 전체로서 가치를 가진다. 인류의 미래는 자연환경의 미래 안에서 존재적 가치가 인정된다는 점을 잊어서는 안 된다.

인간을 귀속하는 자연은 스스로 생명을 이어나갈 수 있는 능력을 지니고 있다. 따라서 우리가 주체적 사고로 인간의 활동적 측면만 강조한다면 자연환경의 유기체적 내재가치가 남용될 뿐 아니라, 이는 공존 관계에서 용납되기도 어렵다. 그러므로 우리는 인간과 자연은 상호작용 속에서 얽히고설켜 서로 모자란 부분을 보충하는 상보적 관계임을 인식하고 자연의 본질적 가치를 인정해야 한다.

만일 상보적 관계가 아닌 상태에서 인간의 활동이 지속된다면 자연환경 측면에서는 순기능적이지만은 않다. 급속한 경제성장도 그렇고 인간의 이기심에서 비롯한 개발도 그렇다. 예를 들어 생태관광이 그것이다. 습지 탐방, 고인돌 원시 체험, 오디 따기 등 문화유산과 자연유산을 관광자원화 하는 활동은 자연환경보전을 위한 인간의 요구

우리는 자연과 얽히고설켜
서로 모자란 부분을 채워주는
유기적성을 갖고 있다.

에 머무는 것들로, 자연생태계의 유기적 조화와 법칙에서는 벗어난다. 인간의 욕구에 의해 유기체적 자연생태계의 먹이사슬을 남용하고 오용하는 것이기 때문이다. 자연을 자연이 스스로 유지하게 하는 것은 자연의 속성과 특성, 즉 자연의 본질과 자율성인데도 말이다. 따라서 자연보호운동으로 수행되는 다양한 활동 가운데 유기체적 가치화 과정을 통한 자연보호운동의 존재론적 패러다임 전환이 필요하다.

자연보호운동가들은 다양한 활동과 경험을 한다. 또한 방법론적으로 다양하게 접근하고 시도하면서 여러 변화를 모색하는 것도 사실이다. 그러나 기존 자연보호운동에서 얻은 지식과 경험만으로는 패러다임 전환이 쉽지 않다는 것이 문제다. 대다수 자연보호운동가가 현실에서 직면하는 한계이기도 하다.

그렇다면 왜 그런 것일까? 미래를 위한 관점과 유기체적 관점의 일치점을 찾아내지 못했기 때문이고, 방법적 접근이 미온적인 데다 경험이 부족하기 때문일 것이다. 다시 말해 진행되고 있는 위기 상황에 적합하고 효율적인 자연보호 대안을 가지고 구축되어야 하는 활동의 유용성 면에서 실질적인 준비가 부족한 것이다.

자연보호 패러다임에 대한 인식 가운데 자연환경보전 운동은 무엇이고, 보전주의자를 어떻게 이해해야 하는가는 각 시대의 변화에 따라 바뀌었다. 이것은 자연환경보전의 본질에 충실한 대안을 찾는 과정에서 개발되어야 한다.

자연환경보전은 생태계 영역을 넘어 특히 인간 삶의 분야에서 실질적인 생존 표현이다. 그러므로 자연환경보전 운동의 목적에 상응하는 유기체적 평가 과정을 통해 자연환경보전 운동의 존재론적 패러다임에 주목하는 것은 불가피하다. 유기체적 평가 과정을 통한 자연환경보전의 움직임을 기본으로 하는 존재론적 패러다임의 기능은 자연환경을 유지하고 생명을 유지함으로써 자연환경이 가지는 본래의 창조적 질서와 조화를 유지하는 것이다.

그렇다면 자연환경보전 운동은 어떻게 유기체적 가치화 과정을 통해 자연 상태를 인식하고 유지할 수 있을까? 이를 위해서는 자연과 인간의 관계에 대한 객관화된 인식과 이를 기반으로 한 끊임없는 연구 및 교육이 필요하다. 또한 유기체적 가치화 과정을 통한 자연환경보전을 추구해야 하며, 존재론적 패러다임 전환은 자연환경보전에 더 가까워져야 한다. 그런데도 자연환경보전에서 유기체적 가치화 과정의 중요성은 깊이 인식되지 않았다. 지금껏 비현실적이거나 무가치한 것으로 간주되었다. 자연환경보전론자들도 유기체적 가치에 대한 이해가 부족했고, 유기체적 보전에 관한 적절한 교육을 받지 못했다. 이러한 이유로 보전론자들도, 보호 활동가들도 자연과의 생태 공감 측면에서 실제로 어려움에 직면해 있다.

자연환경은 자정력을 상실하고 있다

인간의 편리 지향적인 산업 발전과 국토 개발은 자연환경의 자정력 상실을 가져왔다. 오늘날 자연환경은 매일 손상되고 훼손되며 파괴되고, 그로 인해 자연환경의 자체 기능도 상실되어가고 있다. 자연환경보전의 한계를 지적하는 기존의 교육, 사회, 자연 및 경제 개발 접근법이 이 점을 잘 보여준다. 자연 본연의 상태를 인식하지 못하는 데다, 자연환경보전을 바라보는 관점에 깊이가 없다 보니 자연환경 자체의 잠재력에 대한 통찰력과 식별력이 부족해 자연환경의 유기체적 가치를 떨어뜨리고 있는 것이다. 이로 인해 자연환경은 유기체적 내재가치를 잃어가고 있다. 이는 자연환경의 자각에 관한 연구, 즉 자생력에 대한 인식 제고와 자정력에 대한 연구개발이 영향을 상실했기 때문이다. 이 악순환은 결국 자연환경을 파괴하고 보전 활동을 소진시킬 수밖에 없다. 자연환경이 파괴되면 자연보호 활동이 많은 대가로 수행되더라도 효과를 보기 어려울 것이다. 결국 이러한 현상이 지속된다면 자연환경은 더 긴박한 위기에 처하게 될 테고, 자연보호 활동가들은 힘을 잃게 될 것이다.

문명 발달과의 역의 관계와 역행 관계로 이제 자연환경은 인류 생존마저 위협하기에 이르렀다. 자연환경 파괴로 인한 인류의 생존 위협에 대응하기 위해서는 크게 두 가지 측면에서 대안을 살펴봐야 한다. 하나는 인간 행동에 대한 제고이고, 다른 하나는 자연환경의 자정력[4]에 대한 제고다.

태초의 인간에게 자연은 두려움의 대상이자 경외의 대상이었다. 인간의 삶의 방식이 진화하고 발전하면서 문명 발달을 위해 일방적인 관계를 구축하게 되자 자연은 인류의 삶의 질을 높이는 이용 대상물로, 때로는 사용 대상물로 여겨지게 되었다.

그러다 급속한 성장 지향 시대에 들어서면서 문명 발달과의 역행 관계에 대한 재고 시각이 생겨났다. 그 가운데 하나가 그동안 추구했

---

4) 자연환경의 자정력이란 오염된 자연환경이 물리학적·화학적·생물학적 작용으로 저절로 깨끗해지는 능력을 말하는 것으로, 스스로 살아나가는 능력이나 힘을 가리키는 자생력을 함의하고 있다.

우리의 문명 발달 뒤에
숨겨진 현상은?

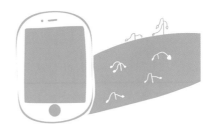

던 성장 지향의 한계를 예견하는 동시에 역의 관계에 놓이게 된 자연환경 위기에 대한 인식이다. 경외 대상이던 자연이, 이용 대상이던 자연이 오늘날에 이르러 위협의 대상이 된 것이다. 이제는 일상 앞에 놓인 자연환경이 두려움의 대상을 넘어 인류 존립을 걱정해야 할 만큼 공포의 대상이 되었다. 문명 발달과의 역의 관계와 역행 관계로 인해 자연환경이 급기야 인류 생존마저 위협하기에 이른 것이다. 따라서 미래 지속을 위한 자연환경보전 패러다임을 모색해야 할 때다.

그렇다면 '어떻게 해야 할까?' 라는 물음에 대한 대안으로 크게 두 가지를 추론해볼 수 있다. 첫째, 인간 행위에서 찾아야 하는 대안과 둘째, 자연환경 자체의 자정력에서 찾는 대안이다. 즉 인위적 훼손을 방지하고 자연환경의 자정력을 강화empowerment해 자율성, 유능성, 관계성을 새로운 관점에서 조명함으로써 다음 세대를 위한 미래 지속을 약속할 수 있는 패러다임 전환 모색이 대안인 셈이다. 이러한 일련의 작업을 통해 현상학적 장에서 자연환경보전을 실현할 수 있는 방법론을 찾아 체계화하고 구체화하며 실행하고자 하는 것이다. 이를 세분해 살펴보면 다음과 같다.

문명 발달은 인류에게 편리함과 풍요로움을 제공하는 반면 자연환경 문제를 가져다주고, 도시화·산업화에 따른 자연환경 훼손은 결국 인간에게까지 이르러 인간 가치의 상실을 초래하게 되었다. 도시화·산업화로 인한 자연환경 훼손은 인간에게 거의 절망스러운 자연환경을 맞닥뜨리게 하기 때문이다. 파괴와 복구의 상관관계는 유의적이지 않기에 파괴된 자연환경은 원상으로 회복되는 것이 거의 불가능하며, 복원할 수 있다 하더라도 오랜 기간이 지나야 하는 데다, 복원에 필요한 공급자적 부담을 예측할 수도 없는 실정이다. 이에 자연환경은 훼손되기 전 대책을 수립해 보존하고 보호하는 것이 무엇보다도 중요하다.

과학 문명이나 경제성장으로 인간 삶의 질은 무한정 상승하지 않는다. 그러나 자연환경은 인간을 지속적으로 성장시킨다. 따라서 인간은 생존 기반이 되는 자연환경에 의존하는 것 외에는 선택의 여지가 없다. 다시 말해 자연환경은 인간의 삶의 장소이므로, 문명 발달에 비추어 자연환경의 보존과 보호는 불가피하다. 이제 자연생태계, 자연경관, 야생 생물의 보존·보호는 인간의 삶의 기초이자 인류 생존

자연생태계 보존은
인간 삶의 기반이다.

가능성의 기반이므로 자연환경보전을 위해 미래 패러다임을 찾는 것은 피할 수 없는 현실이 되었다.

　이와 같은 상황에서 어떻게 자연환경을 보존하고 보호해야 할지 고민해본다면, 인위적 훼손과 자연적 훼손을 염두에 두고 인간 행동에 대한 대안을 찾으면서 자연환경의 자체 자정력에서도 대안을 찾을 필요가 있다. 오랜 세월을 거치면서 인류는 인간의 편의성, 필요성, 삶의 질 향상성을 위해 쉼 없이 자연을 훼손해오고 있다. 이제는 이러한 인간 중심의 인위적 훼손으로부터 자연환경을 보호하고 생태계를 보전해야 한다. 즉 자연환경보전에서 그 중심은 인간의 훼손으로부터 자연환경을 체계적으로 보전하고 관리하며 보호함으로써 자연환경이 미래적 유산으로 자정력을 유지할 수 있도록 하는 것이다.

살아 숨 쉬는 유기체는
자정작용을 한다

    자연환경의 자정작용은 자연정화작용이라고도 하는데, 말 그대로 자연이 스스로를 치유하는 능력을 의미한다. 오염되고 훼손된 자연환경이 자연계의 어떤 작용으로 인해 분해되거나 정화되는 생물학적 작용을 말하는 것이다.

    자연환경보전 관점에서 앞서 언급한 자연환경의 자정력을 임파워먼트empowerment(역량 증진)해 자율성, 유능성, 관계성을 새롭게 조명함으로써 미래세대를 위한 패러다임 전환 모색에서 대안을 찾는 것이 중요한 우선 과제라고 본다. 또한 이러한 일련의 작업을 일상에서 자연환경보전을 지속적으로 실현할 수 있는 방법론과 함께 모색할 필요가 있다.

    미국 발명가 윌리엄 호스킨스William Hoskins의 내추럴 밸런스Nature

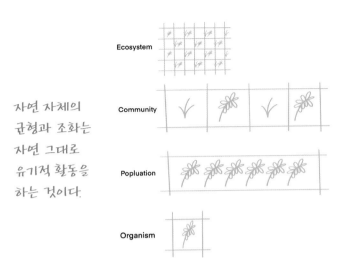

자연 자체의
균형과 조화는
자연 그대로
유기적 활동을
하는 것이다.

Balance는 환경을 해치지 않으면서 환경친화적인 방식으로 농지 및 임업 생산성을 유지하기 위해 해충을 종합적으로 관리하는 신기술 개발 정책을 미국에서 시행한 바 있다(DeFries, Ruth. 2018). 그의 '자연 자체의 균형'에 관한 연구를 보면 유기체적 가치화 과정을 통한 자연환경의 유기체적 내재가치에 대해 찾아볼 수 있다. 그러나 유기체적 접근을 시도한 연구로 자연환경보전에 접목한 것 가운데 자연, 인간, 지구 이 전체를 통합된 관점에서 보는 존재론적 접근은 우리나라에서는 이제 막 도입 시도 단계라고 봐야 한다.

이러한 실행과 관련된 쟁점을 정리하면 다음과 같다.

첫째, 자연환경이 어떤 가치를 지니고 있고, 왜 보전되어야 하는가?

둘째, 자연환경보전과 국토 개발 사이에 존재하는 갈등은 어떻게 해결해야 하는가?

셋째, 자연환경보전을 위한 기본 방향을 어떻게 정립할 것인가?

넷째, 자연환경보전을 위한 기본 방향 정립은 타당한가?

다섯째, 자연환경보전의 유기체적 가치가 제대로 인정되는가?

여섯째, 자연환경보전의 유기체적 가치를 어떻게 실현할 것인가?

우리나라는 생태보전 관리보다 국가 정책에 입각해 국토 사용의 효율성과 경제성을 우선시하는 개발을 추진해왔다. 이로 인해 고도성장을 이루어 국가 발전의 기틀은 마련했으나 산림과 녹지, 갯벌이 줄어들었고, 생물종의 멸종 등으로 자연생태계가 파괴되어 자정력의 한계를 넘어서는 바람에 심각한 자연환경 훼손 문제를 초래하게 되었다. 자연환경 훼손과 자연생태계의 위기 상황은 당분간 지속될 것으로 예측된다. 이에 자연환경보전을 위한 노력, 자연과 인간의 조화로운 공존을 위한 노력이 절실하다.

2장
자연환경의
유기체적 내재가치

자연환경 훼손은
최소화되어야 한다

우리의 사고방식과 행동에 근본적인 변화가 있을 때 자연환경 위기를 해결할 수 있다. 우리는 편리함을 좋아하고 발전하기를 원한다. 하지만 인간의 편의를 위해 자행되는 성장 위주의 자원 사용은 자제해야 한다. 우리와 우리의 미래세대를 위해 자연환경 훼손은 최소화되어야 한다.

자연환경 문제에 대한 인류의 대응 방식은 대체로 다음 네 단계로 구분된다. 첫 번째 단계는 1970년 이전까지로 자연환경보전 문제와 관련해 단편적이고 일시적이었다. 문제 발생 후 대책을 마련하는 사후약방문死後藥方文 식이었다고 할 수 있다. 예방 대책보다 자연환경의 본질을 파악하지 못한 상태에서 문제를 해결하려는 임시방편적 대응 단계다.

두 번째 단계는 자연환경 문제에 대한 인식이 현상에 치중된 나머지 피상적이고 포괄적이다. 이는 미래 지속적이지 않을뿐더러, 예방적 차원도 고려하지 않은 대처 방식이다. 본질에 이르지 못하고 피상적인 현상에만 대응하다 보니, 자연환경보전 활동이 지속적으로 진행됨에도 공장에서 배출되는 오염물질의 양은 여전히 증가하고 대기환경을 오염시키는 공장의 수는 경제 개발에 호응하면서 계속 증가하기만 했다. 한마디로 자연환경 문제에 대한 새로운 해결 방법을 제시해도 그 효과는 크지 못한 단계다.

〈그림 1〉과 같은 수질오염이 그 예다. 먼저 사고 원인별 수질오염 사고 발생 현황을 살펴보면, 관리 부주의의 비중이 가장 컸으며 그다음

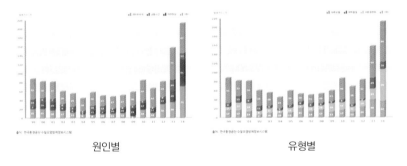

원인별   유형별

〈그림 1〉 원인별·유형별 수질오염 사고 발생 현황 5)

---

5) 한국환경공단 수질오염방제정보시스템(https://www.water.or.kr/disaster/safety/ safety020302.do?seq=947&p_group_seq=338&menu_mode=3) 참조.

으로 기타, 자연 현상, 교통사고 순서로 나타났다.

공장 시설, 가정, 차량 및 선박 등에서 일어나는 관리 부주의가 수질오염 사고 발생의 주원인임을 알 수 있다. 이러한 사고들은 충분히 원인 발생 자체를 줄이고 막을 수 있음에도 지속적으로 오염원이 되고 있는 실정이다.

다음으로 사고 유형별 수질오염 사고 발생 현황을 보면, 유류 유출 사고가 가장 비중이 컸고 그다음으로 기타, 수질환경 변화, 화학물질 순서로 나타났다.

하천이나 저수지로 차량 추락 또는 유조차의 교통사고로 유출된 유류, 그 밖에 선박 등에서 흘러나온 연료로 인해 수질오염 사고가 빈번하게 발생하고 있다.

〈그림 2〉의 수계별 수질오염 사고 발생 현황을 보면, 유역의 면적이

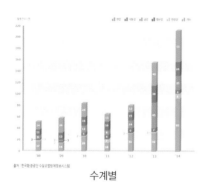
수계별

광화문 침수

〈그림 2〉 수계별 수질오염 사고 발생 현황 6) 7)

넓고 인구가 집중된 한강과 낙동강 수계에서 사고가 가장 많이 발생한 것으로 나타났다. 그다음으로는 금강, 영산강, 만경강 수계의 순서로 많은 수질 사고가 발생했다.

세 번째 단계는 근본적인 문제 해결에 관심이 집중되기 시작하는 때다. 이 시기에 이르면 비효율적인 자연 이용과 석유산업 의존성 탈피, 일회용품 사용 지양, 편의주의 지향, 쓰레기 감축, 재활용률 향상 같은 운동이 활발하게 일어난다. 우리나라는 2030년까지 재활용률을 70퍼센트까지 올리고 플라스틱 발생률을 50퍼센트 줄이기 위한 재활용 폐기물 관리 종합대책을 세워 실천하고 있다.[8]

자원 사용으로 많은 문제가 야기된 이유는 석유산업에 지나치게 의존하기 때문이라는 인식을 갖게 되는 시기이기도 하다.

네 번째 단계에 오면 자연환경 문제에 대한 인식과 해결 방안이 구체적이고 근원적이며 유기체적이 된다. 보존·보호가 가능하다는 미래 지향적 인식을 가지게 되는 것이다. 훼손에 대해서는 예방적이다. 일상에서 자가용 대신 대중교통을 타고, 경유차 대신 전기차를 개발해 이용하며, 일회용컵 대신 텀블러를 사용하고, 태양열 주택 등에서

---

6) 한국환경공단 수질오염방제정보(https://www.water.or.kr/disaster/safety/safety020301.do?seq=946&p_group_seq=338&menu_mode=3) 참조.
7) 한국환경공단 수질오염방제정보시스템(https://www.water.or.kr/disaster/safety/safety020303.do?seq=948&p_group_seq=338&menu_mode=3) 참조.
8) The Korean Council for Conversation of Nature(TKCCN), 2018. 11. 12.

사는 것이 바로 그런 예다. 문명사회의 필수품인 종이 사용에 대해서도 인식 변화가 생기게 된다. 종이가 기후변화에 얼마나 큰 영향을 미치는지, 에너지 사용량이 얼마나 많은지를 인식하게 되는 것이다. [9]

지난 20년 동안 자연보호운동이 급격히 증가한 가운데 유기체적, 존재론적 접근이 생기기 시작했으며, 자연생태학적 원리에 입각한 자연환경 문제의 해결과 미래 유산으로서의 해결책을 강구하고 있다. 여기에 더해 필요한 것은 인류 사회적 관점에서 미래 메커니즘에 대한 노력이 우선시되어야 한다는 점이다.

우리나라의 경우 세 번째 단계와 네 번째 단계의 절충 단계라고 할 수 있다. 대표적인 자연보호운동으로 자연보호중앙연맹의 주요 사업인 '4050비전 실천운동' [10]을 들 수 있는데, 유기체적 접근 가운데 인위적 사용에 대한 인류의 인식 제고로 봐야 할 것이다.

---

9) Mandy Haggith (2009), St Martins Pr, Paper Trails (Paperback) From Trees to Trash-the True Cost of Paper, 종이로 사라지는 숲, 이경아 옮김, 상상의숲, p.205.

10) 2018년 10월 5일 제40회 '자연보호헌장' 선포에서 '4050비전 실천운동'을 채택해 향후 50년간 지속적으로 펼쳐나가겠다는 목표의 일환으로 플라스틱 줄이기, 일회용품 사용 안 하기 운동을 진행하고 있다. 또한 '기후변화에 대처하기', '플라스틱 없는 세상' 만들기를 결의해 전개하고 있다(2018. 9. 10, The Korean Council for Conversation of Nature).

자연보호는 우리 자신을
보호하는 것이다

　최초의 인류에게 자연은 풍요의 대상이자 두려움의 대상이면서 신
앙의 대상으로 신적 존재이기도 했다. 그러다 농경 시대를 맞이하면
서 인류는 자연을 이용할 수 있는 능력을 지니게 되었다. 인간이 자연
보다 우위에 있다는 생각을 하게 되면서 자연을 파괴하기 시작했고,
그만큼 위기를 키워왔다. 농지를 만들려고 산을 개간하는 등 자연을
훼손하기 시작한 것이다. 중세 이후 농업기술 발달에 따라 자연 파괴
의 범위도 점점 넓어졌다. 근대 이후부터는 전적으로 인간의 주체적
의식에 따라 자연이 사용되었는데, 과학기술의 발전과 함께 자연은
특히 인간의 행복 추구 수단으로 이용되기 시작한다. 자연은 인간이
사용할 수 있는 대상 내지 수단으로 여겨졌고, 무차별적이며 마구잡
이로 이용되어왔다. 그 결과 이상기후, 미세먼지, 수질오염, 토양오염

등 여러 문제가 발생하게 되었다.

지금 같은 속도로 자연이 손상되고 파괴된다면 인류의 멸망을 어렵지 않게 예측할 수 있다. 따라서 이러한 예측을 근거로 대안을 논의하기에 이르렀고, 1972년 '로마클럽보고서'에는 "인류의 개발 위험성을 경고하며 인류는 개발을 중단해야 한다"는 성장 한계에 대한 내용이 발표되었다.[11] 이후 성장 한계에 함축된 자연과 인류 발달의 역행 관계에 관한 다양한 연구가 진행되고 있다.

그럼 이제부터는 자연환경의 의미와 우리나라의 자연환경보전 규정을 살펴보자. 자연환경이란 해양을 제외한 지하와 지표, 지상의 모든 생물과 이를 둘러싸고 있는 비非생물적인 것을 포함한 생태계 및 자연경관 등 자연 상태를 말한다. 이는 인간의 인위적 행위를 배제한 자연 그 자체로, 스스로의 환경적 요소다.

자연환경을 설명하기에 앞서 용어를 정리하자면, 환경에는 '자연환경'과 '생활환경'이 있다. 자연환경은 본래적 자연 상태인 인간, 미생물, 동식물, 지형, 지질, 기후, 기상 등을 말하고, 생활환경은 인간의 일상생활과 밀접한 관계가 있는 보호 및 동식물 생육에 필요한 대기, 물, 진동, 소음, 폐기물, 악취 등을 말한다.

---

11) Donella H. Meadows, Jorgen Randers, & Dennis Meadows (2004), The Limits to Growth: The 30 Year Global Update. White River Junction, Vermont: Chelsea Green Publishing Company, p.175.

이것을 바탕으로 우리나라는 다음의 기본 원칙에 따라 자연환경이 보전되어야 한다고 규정하고 있다. 첫째, 자연환경은 모든 국민의 자산으로서 공익에 적합하게 보전되어야 하고, 현세대와 미래세대를 위해 지속가능하게 이용되어야 한다. 둘째, 자연환경보전은 국토의 이용과 조화를 이루고 균형을 이루어야 한다. 셋째, 자연생태와 자연경관은 인간의 활동과 자연의 기능, 그리고 생태적 순환이 촉진되도록 보전되고 관리되어야 한다. 넷째, 모든 국민이 자연환경보전에 참여해야 하며 자연환경을 건전하게 이용할 수 있는 기회가 균등하게 증진되어야 한다. 다섯째, 자연환경을 이용하고 개발할 때는 생태 균형이 파괴되거나 그 가치가 저하되지 않도록 해야 한다. 다만, 자연생태와 자연경관이 파괴되고 훼손되거나 침해되었을 때는 최대한 복원, 복구되도록 노력해야 한다. 여섯째, 자연환경보전에 따르는 부담은 공평하게 분담되어야 하며, 자연환경으로부터 얻어지는 혜택은 지역 주민과 이해관계자가 우선해 그 혜택을 누릴 수 있도록 해야 한다. 일곱째, 자연환경보전과 자연환경이 미래에 지속가능하게 이용될 수 있도록 국제 협력이 증진되어야 한다. 이러한 기본 원칙은 자연을 살리는 방법이지만 궁극적으로는 우리 자신을 보호하는 것이기도 하다.

지구의 새로운 섬, 플라스틱 섬

고래가 좋아하는 먹이가 과자봉지와 음료수병으로 바뀐 것 같다. 죽은 고래의 배 속에 비닐봉지와 플라스틱이 들어 있는 것을 보니까 말이다.

플라스틱 사용이 인류 문명 발달을 가능하게 했다는 말이 사실일 정도로 우리는 플라스틱 편의주의 시대를 살고 있다. 그런데 문제는 우리의 생활을 편리하게 해주는 플라스틱을 생산, 사용한 후 발생하는 폐기물이다. 플라스틱은 썩지 않기 때문에 사용 후 나온 폐기물은 오랫동안 생태계에 남아 있게 된다. 재활용률은 폐기물의 약 9퍼센트에 불과하며 나머지 플라스틱 폐기물이 먹이사슬을 통해 동물은 물론, 인류에까지 심각한 위협이 되고 있다. 미세플라스틱으로 인한 생태계 오염도 심각한 수준으로, 바다로 흘러들어간 플라스틱은 미세플라스틱이 되어 바다 생태계를 위협하고, 우리 식탁에 올라오는 어패류와 해조류, 소금을 오염시켜 우리의 건강까지 위협한다. 인류에게 편리함을 가져다주던 플라스틱이 21세기의 가장 심각한 고민거리가 된 것이다. 플라스틱 쓰레기가 한번 바다로 들어가면 그것들을 없앨 뾰족한 방법이 없기 때문에 그대로 쌓여 '플라스틱 섬Plastic Island'이 된다.

1997년 요트 경주에 참가한 찰스 무어Charles Moore가 처음으로 플라스틱 섬을 발견했다. 이 플라스틱 섬은 전 세계에서 버려진 쓰레기들이 해류를 따라 한곳에 모여 만들어진 쓰레기들의 섬이다.

플라스틱 및 미세플라스틱의 오염 실태를 살펴보면, 먼저 군집으로 죽음의 섬을 이루고 있다. 현재 우리나라에서 가장 가까운 태평양의 플라스틱 섬은 한반도보다 7배, 미국 텍사스보다 2배 크다. 이것은 석유로 인한 오염 사고와 함께 해양오염의 직접적인 원인이 되고 있다. 이렇게 심각한 문제인 플라스틱 섬은 전 세계의 해류 중심지 다섯 곳

심각한 해양오염의 원인인 플라스틱 섬은
전 세계의 해류 중심지 다섯 곳 모두에 존재한다.

〈그림 3〉 플라스틱 섬[12]

12) https://designrt.tistory.com/32

모두에 존재한다.

플라스틱 섬에 있는 해양오염 물질의 약 80퍼센트가 육상에서 나왔으며, 그중 90퍼센트는 플라스틱이 차지한다.[13] 폐기물이 된 플라스틱은 해류가 흐르고 시간이 지남에 따라 작은 미세 조각이 되고, 그것을 접촉한 해양생물들은 직접적으로 손상을 입는다. 이는 곧바로 해양오염의 주요 원인이 된다.

일차적으로는 해양생물이 〈그림 4〉처럼 위기를 맞이하지만, 이어서 이 위기의 위력은 인간에게도 미친다. 플라스틱에서 나오는 환경호르몬이 해조류에 침투되거나 마이크로비드microbead(최대 직경이 5밀리미터 이하인 고체 가공 플라스틱 입자)를 먹이로 오인해 어류와 조개류가 먹은 경우, 그 오염된 해조류와 어류를 인간이 섭취함으로써 인류 건강에도 직접적인 위험을 초래하는 것이다.

〈그림 4〉는 새의 배 속에 든 쓰레기, 폐어망과 플라스틱에 갇힌 바다표범, 폐어망에 포획된 고래의 모습이다. 플라스틱 섬의 문제는 국제환경법의 원칙과 특정 국가의 노력만으로는 해결될 수 없다. 플라스틱 제품은 반영구적이며, 유동성과 효율적 사용이라는 면에서 상당한 특성을 가진다. 그러나 이러한 특성이 인간을 위협하는 속성이기도 하다. 사용 후 쓰레기가 된 플라스틱은 심히 무서운 위력을 가진

---

13) The Korean Council for Conversation of Nature, 2018. 11. 12.

〈그림 4〉 해양생물의 죽음 [14]

파괴물로 변한다.

특히 해양에 미치는 파괴력을 보면 전 세계에서 해양으로 유입되는 쓰레기 양 가운데 플라스틱이 90퍼센트 이상을 차지한다고 한다. 그

---

14) Sung−Bae Kim (2012), Preventing the Spread of Garbage Patch through Environmental Regulation, UCI vol.34, no.2, pp.21−55 (35 pages), Korean Environmental Law Association, p.22.

리고 이 플라스틱은 단순히 해양을 오염시키는 데 그치지 않는다. 오염 피해를 더 크게 확산한다. 가장 심각한 문제는 자연생태계 파괴다. 생태계 먹이사슬에 순차적으로 피해를 입히는 것이다.

플라스틱과 관련해 최근 새롭게 부각되고 있는 환경 문제는 플라스틱 폐기물과 미세플라스틱이다. 자연환경에 버려지는 플라스틱 폐기물은 바다로 쏟아져 들어가 바다 표면을 떠다니면서 해양생물에게 손상을 입힌다.

문제의 심각성은 광범위하게 축적되고 있으며, 인체에도 이상을 유발하는 것으로 알려졌다. 해양 및 자연환경에 널리 버려지는 플라스틱 폐기물은 점점 미세화가 진행되어 인간의 기술로 관리할 수 있는 범위를 넘어서기 때문에 기존 방법으로는 대처하기가 어렵다.[15]

앞에서 언급한 것처럼 플라스틱 폐기물은 먼저 해양생물의 삶에 영향을 미친다. 해양생물이 해류를 따라 떠다니는 플라스틱을 먹이로 오인해 섭취한다면 살아 있는 유기체의 변형을 유발할 뿐 아니라, 죽음에도 이를 수 있다. 그런데 플라스틱으로 인한 죽음은 해조류와 바다거북에게만 해당하는 것이 아니다.

생태계 먹이사슬에서 최하위에 있는 가장 작은 생물들이 플라스틱의 작은 입자들을 먹음으로써 그것이 생태계 먹이사슬 최상위에 있

---

15) Kyu-Won Kim (2018), Current Status of Plastic Pollution and the Scientific Policy to Solve this Problem, The Korean Academy of Science and Technology, p.25.

는 인간에게 자연스럽게 이르게 된다. 즉 인간이 먹는 음식에 영향을 끼치기 때문에 결국 플라스틱 섬은 인류의 위기가 된 것이다.

인간이 버린 쓰레기가 다시 인간에게로 돌아오고 있다. 인간의 안일함과 편의성 추구로 버려진, 그리고 실수로 버린 쓰레기가 다시 돌아와 인간이 살 수 없는, 생물을 죽음에 이르게 하는 플라스틱 섬이 되어 인류에게 '죽은 섬 Dead Island'을 안겨주고 있는 것이다.

〈그림 5〉는 2018년부터 2019년 10월까지 자연보호중앙연맹이 벌인 주요 활동이다.

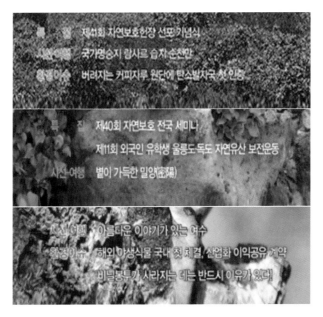

〈그림 5〉 잡지를 통해 본 2019년 자연보호중앙연맹의 주요 활동

자연보호운동은 인간 생존 운동이다

30년 후면 지구 오존층이 모두 없어진다는 절망적인 예측이 나오고 있다. 이상기후, 생태계 변화 등 다양한 형태의 경고 메시지는 아마존 상공부터 이미 뚫리기 시작한 오존층만 봐도 인류에게 곧 심각한 환경 문제가 닥칠 것임을 암시한다. 하지만 정작 우리는 눈앞에 보이는 경제성장에 급급한 나머지 오존층에 무관심하다. 그리고 우리의 일상은 편의주의에 길들어 무책임하게 이어지고 있다. 이러한 일상이 지속된다면 암울한 예견은 어김없이 미래세대의 몫이 되고 말 것이다. 자연을 보호하는 일은 우리가 마땅히 해야 할 인류 생존의 문제임에도 말이다.

자연보호중앙연맹은 현세대와 미래세대에 대한 책임을 통감하면서 자연보호 활동의 최선봉에 서 있다. 특히 '기후변화에 대처하자'라는 대주제를 가지고 플라스틱 없는 세상, 일회용품 사용 안 하기 등을 결의해 실천사항을 전개하고 있다.[16) 태평양의 쓰레기 섬, 그린시드 캠프를 특집으로 다루어 참여자들의 호응을 얻기도 했다. 또

---

16) •결의사항: 플라스틱 없는 세상, 일회용품 사용 안 하기 운동, 기후변화에 대처하는 운동, 자연보호보전운동, 범국민 생활 실천 문화운동 확산.
•실천사항: 머그컵 사용, 텀블러 사용, 에코백 사용, 일회용품 사용하지 않기, 플라스틱 제품 사용하지 않기, 비닐봉지 사용하지 않기.
The Korean Council for Conversation of Nature, 2018. 9. 10.

한 환경 이슈로 '세계 토양의 날에 대해', '비닐봉지가 사라지는 데는 반드시 이유가 있다', '자생식물 개서어나무 추출물 화장품 원료 활용', '버려지는 커피 자루 원단에 탄소발자국 인증'도 실행하고 있다.

특히 일회용품 줄이기를 범국민운동으로 실천하는 것은 자연보호 정신을 일상적으로 의식하도록 하기 위해서인데, 자연보호는 특정인이 아니라 인류 모두가 해야 하는 일이기 때문이다.

우리는 지금 자연보호에 대해 알아가고 있다. 그러기 위해서는 먼저 자연에 대해 좀 더 자세히 알 필요가 있다.

자연은 복합 개념이다. 의미적으로 해석하면 '인공적인', '인위적인' 힘이 관여하지 않는 것을 말한다. 내포된 의미까지 살펴보면 자발적이고 자존적이며 의도나 목표가 없고 그 자체의 존재 원리를 가지고 있다. 또한 자연은 우리에게 익숙한 강, 산, 바다뿐 아니라, 동식물 같은 생명체를 가리키는 생물학적 의미로도 사용된다. 자연을 가리키는 라틴어 'natura'는 '태어나다', '새로 생기다'라는 뜻이다. 자연을 영어로는 'nature'라고 하는데, nature의 어원은 naked, nude와 같다. nature는 태어난 그대로, 가리지 않은 모습 그대로를 뜻하므로 nature와 자연은 동일한 말이다. 물리에 해당하는 physics도 nature와 같은 뜻이다. physics의 어원은 그리스어인데, 영어 단어 physical(육체적인)과 어원이 같다. 이처럼 자연이라는 단어 자체는 모든 존재의 본질을 나타내며, 인간 환경과 그 안에 포함된 생명체, 그리고 존재된 모든 몸 전체를 의미한다.[17] 다시 말해 인간을 포함한 우주 전체를 가리킨다고 할 수 있다.

자연이라는 단어는 주로 인간 활동으로 인한 생태계 파괴 또는 자연 피해 문제와 관련해 사용되기에 자연이 가지는 유기체적 가치인 존재의 본질로 접근할 수 있다. 이는 자정력과 자생력에 함축된 의미를 효과적으로 나타내기 위함이다. 더 나아가 정리해보면 자연은 △첫째, 인간의 영향이 미치지 않은 그대로의 현상과 그에 따른 물질을 나타내고 △둘째, 산, 바다, 호수 같은 자연환경을 포괄하며 △셋째, 인간을 제외한 자연물 모두와 인간을 포함한 하늘과 땅, 우주 만물 전체를 말한다. 그리고 △넷째, 인위적이지 않은 행동이나 현상을 의미한다. 이러한 개념 정립은 자연을 통합적으로 '자연환경'이라고 칭하면서 함축적으로 사용할 수 있는 근거가 된다.

자연보호, 자연환경보호, 자연보존을 '자연환경보전'이라고 통칭해 사용하는 경우가 많다. 따라서 자연환경보전에 대한 개념을 정리해보면 자연환경을 체계적으로 보존·보호하고 훼손된 자연환경을 복원하며 생물다양성을 높이기 위해 자연을 조성, 관리하는 것을 말

---

17) 최영국, 이범현 외 (2006), Spatial Development and Environmental Degradation: Countermeasures focusing on Planning Process and Institutionalization, 국토연 2006-21, 국토연구원, pp.6-7.

우리는 동물의 한 개체로서
가지고 있던 자연의 능력들을
잃어가고 있다.

한다. 부연해 설명하자면, 자연환경을 온전하게 보호해 유지한다는 의미다. 생태계를 보전하고 생태계 보전에 힘쓴다는 것은 미시적 관점에서 멸종을 막는다는 뜻이며, 거시적 관점에서 생태계 먹이사슬이 끊어져서는 안 된다는 뜻이다. 인간에 비추어 설명하면 생명을 보전해 가문의 대가 끊어지지 않게 해야 한다는 것과 같다. 보전은 유기체적이고 생물적인 의미를 내포하기에, 그리고 자연환경보전이 유기체적이고 생물적이기에 자연환경에는 보전이라는 단어가 붙는 것이 적절하다. 이에 여기서는 자연환경보전으로 포괄해 통칭할 것이다.

'자연환경보존'이라 함은 잘 보호하고 간수해 남겨주는 것을 말한다. 사실 '보존'이라는 단어는 생물보다 무생물에 붙는 경우가 대부분이다. 예를 들어 유물을 보존한다, 공문서를 보존한다, 문화를 보존한다와 같이 쓰인다. 때때로 영토를 보존한다, 종족을 보존한다처럼 쓰이기도 하지만 보존이라는 단어는 생물적 의미보다 보관이라는 의미를 더 내포하고 있기에 자연환경에 보존이라는 단어를 붙일 경우 그 뜻이 포괄적이지 못하다. 유형을 유지하는 것, 현장을 그대로 유지하는 것, 즉 공간적 개념 속에 간직해 보관한다는 의미이기 때문이다. '보호'라는 단어는 외부로부터 가해지는 위험이나 어려움, 곤란 따위가 미치지 못하도록 잘 보살피고 돌본다는 뜻이다.

정리해보자. '보전', '보존', '보호'에는 큰 의미 차이가 없다. 굳이 차이를 말하자면 '보전'은 대상을 처음 상태 그대로 온전하게 보호하고 유지하는 것을 뜻하고, '보존'은 구체적인 대상을 오래도록 보호해 사라지지 않게 한다는 의미다. 따라서 '보존'은 구체적인 대상의 원형을 그대로 지키고 유지하는 것이 중요하다. '보호'는 원래대로 지켜 유지되도록 한다는 뜻에서 '보전'보다 '보존'에 더 가깝지만 이 책에서는 '보호'를 '보전'에 포함시켜 포괄적으로 사용할 것이다.

'자연환경보존'이라는 말은 원상태의 고유한 생태계를 유지하기 위해 이용하지 않는 것과 인위적으로 관리하지 않는 것을 의미한다. 예를 들어 습지와 원시림은 원상태로 유지, 보존해야 한다. 그리고 인류가 필요로 하는 산소의 20퍼센트 이상을 생성해 지구의 허파로 불리는 아마존강의 열대우림은 전 지구적으로 보존 정책을 실행해야 한다.

‘자연환경보전’은 다소 변화된 자연생태계를 인위적으로 관리하는 것을 의미한다. 이는 단순히 자연환경오염의 제거를 넘어 자연환경을 바람직하게 개선하는 자연환경운동이다. 예를 들어 4대강 사업과 같이 하천에 물고기가 다니는 길을 설치하고 강 주변에 인위적인 시설을 만들어 새들의 서식지 환경을 개선해주는 일이나, 야생동물이 지나는 생태통로生態通路, Eco-corridor를 조성해 야생동물들이 자유롭게 다닐 수 있도록 해주는 것이 이에 속한다.

　한마디로 ‘자연환경보존’이 자연환경을 그대로 유지시켜 미래세대에게 물려주는 것이라면, ‘자연환경보전’은 자연환경을 좀 더 나은 상태로 미래세대에게 물려주는 것이다. ‘자연환경보호’는 자연환경을 보호하는 포괄적인 행동을 의미한다. 이렇게 볼 때 ‘자연환경보전’이나 ‘자연환경보존’은 ‘자연환경보호’의 일환이다.

　그런데 문명이 발달함에 따라 지구 역시 처음 모습에 머물지 않고 끊임없이 변화해왔다. 자연적이든, 인위적이든 자연환경도 원래의 모습에서 변형되고 변화되어온 것이다. 때로는 많은 부분이 훼손되거나 오염되어 원형 그대로를 유지한다는 것이 가능한 일만은 아니다. 훼손된 부분을 복원하고 추가적인 훼손을 막기 위한 관리와 노력을 포괄하는 데는 ‘자연환경보전’이라는 개념이 적합하다.

자연과 함께일 때 건강한 삶을 영위할 수 있다

인간은 전지전능하지 않다. 자연 안에서 자연과 어우러지며 더불어 살아가야 한다. 생태계의 일원이라는 사실을 망각한 채 살아서는 안 된다. 자연은 유기적으로 연결되어 있다. 인간과 자연 사이도 그렇다. 그러므로 서로의 연결고리가 상호적이어야 한다. 그렇지 않고 서로의 연결고리가 분리되고 파괴되면 우리는 망가지고 만다. 개인의 몸과 마음만 망가지는 것이 아니라 공동체, 사회와 국가, 나아가 지구 전체가 위태로워질 수 있다. 홍수와 기후변화 등으로 인구가 감소하고, 인구 이동이 일어나는 것을 보면 충분히 짐작할 수 있다. 우리는 자연과 함께일 때 건강한 삶을 영위할 수 있으며 인류의 존립도 건강하게 유지될 수 있다.

자연은 유기적으로 연결되어 서로 영향을 미친다. '자연환경보전의 유기체'라는 말은 자연은 서로 연결되어 있으며, 이를 후세에 전달하기 위한 활동이 포함된 유기체적 성격을 지니고 있다는 의미다. 즉 '자연환경보전'은 일정한 원리에 따라 각 부분이 체계적으로 조직되어 통일된 전체를 이루는 구조 안에서 자연환경을 보호·보존하며, 파괴와 훼손으로 손실되기 이전 상태로 회복시켜 자연환경 속에 있는 생물의 다양성이 확대될 수 있도록 자연을 조성하고 관리하는 것을 말한다. 스스로 가지고 있던 원래의 가치대로 자연환경을 온전히 우리는 생태계의 일부다.

보호하고 유지한다는 뜻이다. '자연환경보전'은 생태계 보전이라는
뜻도 함축하고 있는데, 생태계를 보전한다는 것은 생태계에 있는 종
들의 멸종을 막아 생태계 먹이사슬이 끊어지지 않게 한다는 의미다.

지구의 모든 생물은 서로 먹고 먹히거나, 도움을 주고받는 관계로
얽혀 있다. 이를 자연생태계의 '먹이사슬food chain'이라고 한다. 이렇
게 먹이사슬로 연결되어 있는 만큼 지구에서 어느 한 종이 멸종하면
또 다른 종이 멸종할 위험이 크다. 이는 지구에 사는 생물 중 하나인
인간에게도 영향을 미쳐 결국 인류 생존에도 위협을 가하게 된다.

인류학적 관점에서 보면 인간은 생태계를 모든 생산의 원천이자
기초라고 생각한다. 이러한 관계적 역할에 대해 거시적 측면과 미
시적 측면을 통합해 고려할 때 인위적인 자연환경보호에서 벗어날

수 있다. 자연환경을 미래세대에게 유산으로 물려줘야 한다는 의미에서 '자연환경보존'과 '자연환경보호'는 '보전'에 포괄적으로 수용되어 함축된다고 봐야 한다.

'보전'은 생물이 형태와 기능으로 나뉘는 유기체의 여러 부분으로 구성되고 서로 간, 그리고 부분과 전체 사이에 밀접한 관련이 있다는 것을 전제로 한다. 즉 생물은 전체로서 하나로 정비된 통일체를 이루는 구성체이며, 생물의 개체는 분할되면 통일체가 될 수 없고 존립할 수도 없다는 의미를 내포한다. 여기에는 현세대와 미래세대가 동등한 기회를 가지고 자연환경이 주는 여러 혜택을 향유할 수 있도록 하는 '자연의 지속가능성'을 포함하고 있기에 자연환경보전이 유기체적인 것이다.

자연은 미래세대의 것이다

현세대와 미래세대가 동등한 기회로 자연환경의 혜택을 향유할 수 있어야 한다. '자연환경의 지속가능성'이란 현세대와 미래세대가 동등한 기회를 가지고 자연환경의 혜택을 이용하거나 누릴 수 있도록 한다는 의미다. 우리나라는 지속가능한 사회 구현을 위해 선진화된 환경 정책 이념을 법규화해 일반화하고, 지역별로 환경 계획을 구체화해 본질적인 차원에서 과학적이고 체계적인 국토환경 기반을 공고히 하고자 2002년 12월 '환경정책기본법'을 개정해 자연생태를 보호하고 있다.

여기서 '자연생태'란 자연 상태에서 이루어진 지질적 또는 지리적 환경과 그 조건 아래에서 생물이 유기체적으로 활동하고 있는 일체의 현상을 의미한다. '생태계'라는 단어는 식물과 동물, 미생물의 군집群集과 무생물 환경이 구조적 단위로 상호작용하는 역동적인 혼합이나 합성을 뜻하는 것으로, 생물의 다양성으로 구성되어 있다. '생물다양성'은 육상생태계와 해양생태계를 제외한 수생생태계와 이들의 복합생태계를 포함하는 생물체의 다양성을 말하는 것으로, 종간種間, 종내種內, 그리고 생태계의 다양성을 모두 포함한다. 물론 범위 내지 지역의 구분은 있다. 이를 '축'으로 표현하며 '생태축'이라고 한다. '종간', '종내'는 개체 상호 간 유기적으로 연관이 있는 집단으로, 한 종류로만 이루어지는 종사회種社會인 종내와 두 종류 이상으로 이루어지는 종간사회種間社會인 종간으로 구분되지만 주로 '종사회'라고 한다.

'생태축'이라는 단어는 생태계 기능의 생물다양성과 연속성을 증진시키기 위해 유지해야 하는 생태학적으로 중요한 지역 또는 지역을 연결하는 생태서식지를 의미한다. 생태서식지가 유지, 보존되어야 생태계 자체가 유지, 보존되는데 인간의 인위적 행동으로 점점 더

지속가능한 사회 구현을 위해
자연생태를 보호하고 있다.

파괴되고 훼손되고 있다. 이에 대한 복원책으로 통로를 만들었고, 이
것이 바로 '생태통로' 다. 즉 생태통로는 야생동물과 식물의 서식지가
도로, 댐, 수중 산책로 또는 허리케인에 의해 잘리거나 손상되거나 파
괴되는 것을 방지하고, 야생동물과 식물의 움직임 같은 생태계의 연
속성을 유지하는 인공 구조물이나 초목 같은 생태 이동의 공간이다.

　'자연경관'은 지역과 지형, 그것에 연결된 자연요소 또는 물체가 자
연환경 관점에서 시각적·미적 가치를 갖는 것을 지칭한다. '대체자
연'은 기존 자연환경과 유사한 기능을 수행하거나 보완 기능을 수행
하기 위한 것을 의미한다. '천연 재산' 혹은 '자연자산'은 인간의 삶
이나 경제 활동에 사용될 수 있는 유무형의 자연과 비생물적 물질을
뜻한다. '생물자원'은 '생물다양성 보전 및 이용에 관한 법률' 제2조

3항에 따른 생물자원을 의미하는 것으로, 생물과 비생물적인 것의 총체를 말한다. '생태마을'이란 '자연환경보전법' 제42조에 따라 생태기능과 아름다운 자연경관을 지니고 지속가능하게 보존, 사용할 수 있는 마을을 의미한다. '생태관광'은 생태계나 자연경관이 특히 우수한 지역에서 자연자산의 보존 및 현명한 사용을 통해 환경의 중요성을 경험할 수 있는 자연 친화적인 관광을 말한다.

자연환경은 유기체적으로 종간 또는 종내 형식을 통해 생태계의 다양성을 연관하고 있다. 이러한 연관성은 개체 상호 간 또는 개체 자체 사이에서 유기적으로 지속가능하게 이용된다. 자연생태계는 유기적으로 상호 보완적인 동시에 의존적인 관계성을 갖고 있기 때문이다. 유기체적 연관성은 인과 연쇄라고 표현할 수 있는데, 자연은 오랜 세월을 거치면서 형성된 조화와 균형, 그리고 자기 조절 능력을 갖춘 하나의 거대 복합 시스템이다. '자연 자체의 균형 시스템'인 것이다. 그러므로 유기체인 자연환경은 하나로 규정할 수 없고 유기적으로 그 구조와 기능을 이해해야 한다.

유기체적인 자연환경의 유기적 구조 및 기능은 운동과 변화로 해석할 수 있는데, 이를 아리스토텔레스의 자연관에 견주어 추론해보면, 자연은 총체적으로 살아 움직이는 유기체다. 기계적인 운동과 변화만 일어나는 공간이 아니라는 말이다. 아리스토텔레스는 이것을 자연적 내지 자발적 운동이라고 명하면서 이 움직임의 원리가 자연 내부에 있다고 했다.[18] 그리고 어떤 생물이든 보유하고 있는 자체 능력을 모두 사용 가능하다고 했다.[19] 이를 규준으로 할 때 자연은 하나의 내적 작동 원리를 바탕으로 연속적인 활동 안에서 하나의 목적으로 움직인다는 것이다. 맞다. 동의한다. 자연환경을 유기체적 가치로 접근하면 자연과학이 인문주의에 빠지는 듯하지만, 이에 대한 논리 전개는 철학적 사고로 자연관을 보자는 것이 아니라, 생명체의 유기체적 활동으로 보자는 것이다. 생명체의 유기체적 활동은 내적 작동 원리가 바탕이 되기 때문이다. 이에 대해 물리학자인 스테판 알렉산더Stephon Alexander도 우주 구조의 움직임과 변화를 내적 작동 원리로 설명하고 있다.[20]

앞서 살펴본 바와 같이 아리스토텔레스의 견해도, 알렉산더의 견해도 분명 자연환경은 움직임과 변화를 보유하고 있다는 논리가 정립된다. 그러므로 생물체이고 생태계다. 이는 결국 생물체와 생태계의 활동을 유기체적 가치로 보자는 뜻이고, 그 구조와 기능을 피력하려는 것이다.

---

18) 유원기 (2000), The Problem of Teleology and Prohairesis in Aristotle, 철학연구회, 철학연구 제51집, 91–113 (23) p.95.

19) Ibid., p.97.

20) Stephon Alexander (2018), Jazz of Physics: the Secret Link between Music and the Structure of the Universe, Noh Tae Bok 역, 부키, p.201.

유기체적 자연관은 자연을 하나의 생명체와 유사하다고 본다. 인간까지 자연이며, 자연을 구성하는 모든 요소는 각 개체의 존재론적 자율성을 유지하면서 유기적으로 결합되어 있고 하나의 통일체로 전체를 이룬다. 이에 따라 생태계는 유기적으로 상호 보완적이며 의존적인 관계성을 갖는다. 즉 하나의 연결고리로 되어 있어 하나라도 위협을 받으면 그 파급의 영향은 유기체 전체로 확산된다. 따라서 유기체적 자연을 보전하기 위해서는 유기체적 구조의 기능을 인정하면서 그 질서를 깨뜨리지 않도록 해야 한다.

생태계의 원리를
인정해야 한다

　우리는 이제 생태계의 원리와 체제를 인정해야 한다. 자연환경 훼손은 산업 문명의 후유증으로, 우주 공동체적 이해에서 생태계 보전 원리가 나오기 때문이다. 생태계의 원리와 체제를 인정하는 방법은 자연을 자기 조절 능력을 갖춘 하나의 거대 시스템으로 받아들이는 것이다.

　'자기 조절 능력을 갖춘 하나의 거대 시스템'을 지엽적으로 해석해 굳이 재해에만 관심을 둔다면, 그리고 복구와 복원의 능력에 견주어 설명해본다면 이것은 외부 충격에 의해 변화되었다가 다시 원래대로 되돌아가는 능력을 지닌 환경 변화의 리질리언스resilience(회복력)라고 할 수 있다. 이 책에서는 리질리언스를 변화에 대한 적응력으로 이해하고자 한다.

1970년대 자연계의 피식자와 포식자의 관계에서 리질리언스라는 단어가 처음 사용되었는데, 기후변화로 지구온난화가 가속화하면서 환경 변화의 개념에서도 리질리언스, 즉 회복 탄력성에 대해 말하기 시작했다. 새로운 체제로의 발전, 혹은 더 나은 상태로의 성장 변화로 해석하면 자연환경의 리질리언스인 것이다.[21]

자연생태계는 서로
피식자와 포식자다.

앞에서 언급한 것처럼 유기체인 자연환경은 하나로 규정할 수 없으며 유기적 연관성 속에서 구조와 기능을 이해해야 한다. 이 유기적 연관성은 천연자연 자체에만 국한되지 않고 확장되어 인류 사회와도 거시적 구조든, 미시적 구조든 연대성이 일반화generalization(범화, 汎化)한다는 것이 바로 유기적 관계다.

21) 남정호 (2009), 기후변화 대응을 위한 연안지역 레질리언스(Resilience) 강화 방안, 한국해양수산개발원, p.255.

자연생태계의 유기체는 '사냥하는 유기체'와 '먹이가 되는 유기체'로 되어 있다. 물론 달걀을 먹는 행위, 물에 있는 미생물을 삼키는 행위는 여기에 해당하지 않지만 먹고, 먹히는 상호작용을 하는 포식 과정은 피라미드형 먹이사슬의 안정성을 위한 자연생태계의 중요한 메커니즘이다.

자연환경보전 관점에서 패러다임의 전환을 추구하는 21세기 인류에게 가장 중요한 문제는 '생태 파괴의 위기'가 곧 '인류의 끝'이라는 인식을 가지는 것이다. 급속한 산업 문명의 발달과 고도성장의 지향으로 인해 인류의 삶에 안녕安寧의 느낌을 주어야 하는 자연환경이 오히려 위협이 될 수 있기 때문이다.

그런데 현대 문명은 사유화된 인간의 인식 구조가 자연에 지나치게 개입할 수밖에 없게 만든다. 이것은 자연환경보전에서 위기 상황을 확산하는 결과를 초래한다. 특히 21세기 산업 구조는 편의성이 중심이기에 생태계 파괴와 교란의 위기 상황은 빠른 속도로 진전되고 있다. 이러한 편의성 구조는 우리나라뿐 아니라 전 지구적 문제로 부각되었고, 지구에 사는 모두 생명체의 생존 자체가 위협받고 있다. 그러므로 미래 패러다임은 자연만, 인류만이라는 편협된 인식으로는 기대 가치가 없다. 거기에는 자연과 인류 모두가 공존할 수 있는 역할이 담겨야 한다. 이것이 자연환경보전의 패러다임 모색에 대한 기반이라고 할 수 있다.

경제성장의 지속은 인간으로 하여금 급속도로 자연환경을 훼손하고 파괴하게 할 것이고, 이는 지구 생태계 전체를 파괴해 인류의 멸종까지 가져올 수 있다. 따라서 인류는 지구 생태계의 불균형을 즉각적으로 인식해 새로운 균형을 찾는 자연환경보전의 미래 패러다임을 모색해야 한다. 이러한 일을 하기 위해서는 효율적 패러다임으로의 전환 접근이 시급하다.

오늘날 인류가 맞이한 자연환경 위기는 산업화의 역사와 더불어 시작되었다. 오랜 인류 역사에서 산업 문명이 차지하는 여정은 몇 세기에 불과하지만, 그것이 지구의 자연환경에 미친 영향은 실로 엄청나다. 오존층 파괴, 지구온난화, 열대우림 파괴, 생물종 감소, 공기와 땅과 물을 비롯한 생활환경의 오염 등 수많은 자연환경 문제가 지역적 차원에서, 국가적 차원에서, 세계적 차원에서 중요한 문제로 대두되고 있다.

그렇다면 오늘날 인류가 편의적인 생활만 추구하며 살아가는 산업 문명의 패러다임에서 자연환경보전을 위한 새로운 패러다임으로 전환할 때 그 존재론적 내용에는 무엇이 있을까? 자연환경의 회복성, 회수성, 연결성을 근간으로 한 자연환경의 가치론적 접근이 그 내용을 제공한다. 이를 위해 자연생태학적 관점을 최대한으로 발휘한다면 자연환경이 가진 자생력에 대한, 그리고 자연환경 가치에 대한 새로운 패러다임을 구축할 수 있다. 여기에는 자연환경보전의 유기체적 가치 접근으로서 현상학 측면에서 사회 구조적으로 접근하는 '자원 재활용사회가 되는 것'과 '자연보호 활동'이 있다. 자원재활용사회의 경우 〈그림 6〉과 〈그림 7〉을 보면 미래 지속가능성을 알 수 있다.

2018년 1월 기준, 해안선의 200해리 배타적 경제수역EEZ에서 16퍼센트만이 해양보호구역으로 지정되었다. 이는 2010년 대비 두 배 증가한 것으로 핵심 생물다양성 지역Key Biodiversity Areas의 범위는 2000년 30퍼센트에서 2018년 44퍼센트로 늘어났다.

이어서 유엔UN은 좀 더 효과적이면서 응집력과 책임이 있는 '2030 의제'(유엔 회원국들이 2030년까지 달성하기로 합의한 17개 지속가능 발전 목표와 169개 세부 목표)를 구현하고자 유엔 개발 시스템을 변경하기 위해 새로운 계획을 세우기 시작했다. 이와 관련해 유엔은 2018년 시행 보고서에서 회원국들이 지속가능 발전 목표를 이루는 동시에 모든 국가가 협력해 목표를 달성할 것이라 전망하고 있다.

유엔은 지속가능한 소비와 생산을 유지하고, 천연자원을 지속가능한 방식으로 관리하며, 인류와 지구 및 번영을 위한 현세대와 미래세대의 요구를 지원하고자 기후변화에 대한 긴급 조치를 취함으로써 지구를 유지하고 보호하기 위한 결의를 다졌다.[22]

폐기물은 크게 가정 폐기물과 작업장 폐기물로 구분되며, 작업장 폐기물은 다시 작업장 폐기물, 작업장 배출시설 폐기물, 건축 폐기물

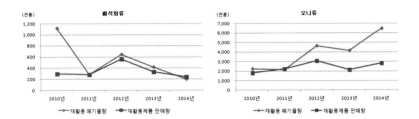

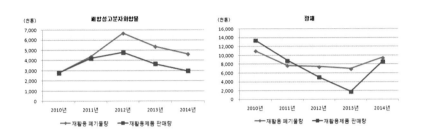

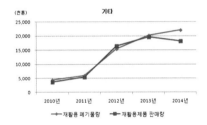

〈그림 6〉 주요 일반폐기물의 재활용 폐기물량과 재활용 제품 판매량 비교 [23]

22) 환경부, UN Sustainable Development Goals, Transforming our world: the 2030 Agenda for Sustainable Development, p.2. (ecolibrary.me.go.kr knps search DetailView).

23) So-Ra Lee, Sang-Cheol Shin, Hyo-Jun Park (2016), Revitalization of the Recycling Industry to Promote the Transition to a Resource Recycling Society: Impact Analysis of the Revised Recycling Management System, KEI 2016-09, Korea Environment Institute. p.15.

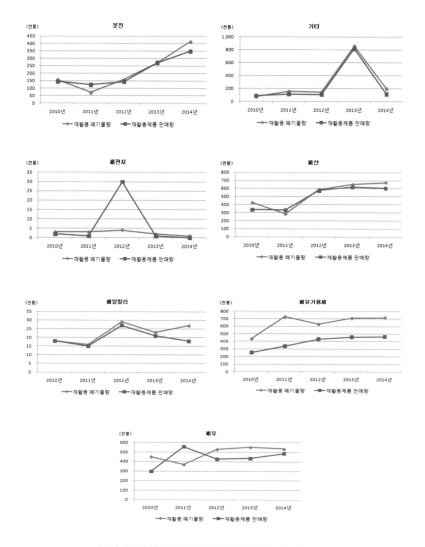

〈그림 7〉 재활용 폐기물량과 재활용 제품 판매량 비교 24)

---

24) Ibid., p.21.

및 지정폐기물로 나뉜다. 작업장 폐기물은 배출시설 운영과 관련 없는 폐기물을, 작업장 배출시설 폐기물은 폐기물 시설을 말한다.

　주요 일반폐기물과 지정 폐기물의 연도별 판매 현황은 〈그림 8〉과 같다. 이것을 근거로 자원재활용 체제를 효과적으로 구축할 수 있다.

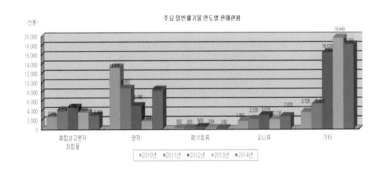

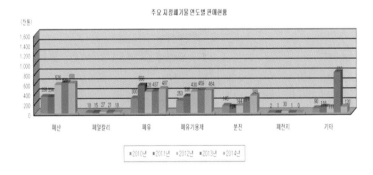

〈그림 8〉 연도별 폐기물 판매 현황[25]

25) So-Ra Lee, Sang-Cheol Shin, Hyo-Jun Park (2016), pp.15-21.

유엔도 적극적으로 대응책을 실행하고 있는데, 〈그림 9〉에서 보는

바와 같이 달성률이 높다. [26]

2000년과 2018년 사이 주요 생물다양성 지역의
평균 달성률이 증가했다.

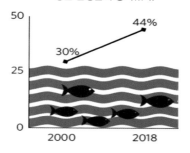

산업혁명 이후 최근 바닷물의 산성도가
26퍼센트나 높아졌다.

〈그림 9〉 2018년 유엔의 지속가능 발전 보고서 [27]

---

26) Su-Jin Park, Seok-Mun Choi, Dae-Kyung Kim (2018), The Policy Direction for National
Implementation of SDGs in Maritime Sector-Korea Legeislation Research Institute, p.40.
27) The UN, The UN Sustainable Development Goals 2018, p.11/The Sustainable Development
Goals Report 2018-EN.pdf.

자연 속 생물은 제각각 존재 양식이 있다. 그러므로 보호할 때는 미래세대의 자연유산이라는 관점에서 접근할 필요가 있다. 예를 들어 냇물 속에 돌멩이가 있다고 해보자. 한낮의 환한 햇볕이 불편한 가재는 늘 하던 대로 돌멩이 밑으로 들어가 쉴 것이다. 그런데 누군가 그 돌멩이를 치워버린다면 돌멩이 밑으로 들어가려던 가재는 돌멩이를 찾아 다른 곳으로 옮겨갈 것이다. 가재에게 돌멩이 밑은 그만의 존재 양식인 것이다.

이처럼 모든 생물은 존재 양식이 있다. 심지어 무생물도 그렇다. 이는 곧 생명성이고 자생성이다. 바로 이러한 부분이 자연환경에 대해 생명성, 즉 생존과 죽음의 순환에 의미를 두고 유기체적으로 접근할 수 있게 한다. 그런데 여기에는 '조화와 균형'이 일치를 이루어야 한다는 그 나름의 법칙이 있다. 그러나 자연보호운동 현장과 실생활에서의 경험, 학문적 접근을 바탕으로 나는 자연환경보전 활동 영역에 일치뿐 아니라 불일치가 있다는 것을 알게 되었다. 이는 유기체에 대한 존재론적 접근을 고려하지 않아서라고 본다.

자연환경보전에 대한 새로운 시각의 정립은 자연과 인간의 '공존' 세계관에서 출발한다. 여기에는 크게 자생성과 인위성 두 측면이 있다. 자연환경은, 모든 생물체는 생명을 얻는 순간부터 시간 흐름에 따라 생명력을 얻고 잃고 하는 과정을 통해 순환적인 변화를 경험하면서 종을 이어간다. 동물과 식물 모두 다 그렇다. 어찌 보면 생명체

뿐 아니라 생명체를 넘어선 것들도 그러하다. 생명력이 없는 무생물도 생명체처럼 순환적인 변화를 경험한다. 예를 들어 구름을 보자. 구름은 바람과 연계되는 결합체나 햇빛을 만나면 사라졌다 모아졌다 변화를 경험하면서 구름이라는 형체를 이어간다. 이는 곧 자연환경은 유기체적이라는 것과 존재 양식이 있다는 것을 의미한다.

또한 자연환경은 독립적인 동시에 상호 의존적인 존재로서 주위 환경과 끊임없이 교감하고 교류하며 생존과 죽음을, 생성과 소멸을 되풀이해간다. 때로는 훼손과 복원을 되풀이하기도 한다. 그런 의미에서 생존과 죽음의 순환처럼 생성과 소멸, 그리고 다시 생성을 통해 시간을 따라 이어간다. 이는 자연환경을 다음 미래세대가 지속가능하게 유용할 수 있도록 보전해야 할 당위성을 제공하고, 그 당위성이 유기체인 자연환경에 대한 존재론적 접근이 가능한 근거를 제시한다.

자연환경이 유기적인 관계망을 형성하고 유기체적으로 공생한다는 것은 유기체는 환경을 변화시키고 환경은 다른 유기체를 변화시킨다는 의미다.[28] 아름다운 꽃, 수목, 강, 바다, 심지어 밥상 위 꽃잎밥에 들어가는 평범한 식용식물과 채소 등의 생명성, 유용성이 바로 그것이다.

이제 인류는 자연환경의 가치에 대해 다각적인 관점에서 숙고해야

---

28) Ruth Hubbard (1999), (The) Politics of Women's Biology, Mi-Sook Kim 역, Ewha Womans University Press, p.157.

한다. "자연환경은 대체 무엇일까?"에 대한 답을 자연환경에서 찾아야 한다. 자연은 생명이고, 자연은 인간 삶의 '터전'이라는 가치관에 경외를 느껴야 한다. '자연의 가치'가 곧 '인간 삶의 가치'로 명명되어 공존의 유기성이 성립되어야 한다. 그래서 인간과 자연환경은 각각 유기체로서 존재를 인정하고 공존해야 한다.

모든 생물은 지구라는 곳에서 태어나며, 어떤 생물도 지구를 떠나 생존할 수 없다. 지구는 모든 생물의 존재 원천이자 양식이며, 공동의 터전이자 거처다. 또한 지구의 모든 생물이 생태계 먹이사슬로 연결되어 있다. 그런데 사회가 발달할수록 인간은 자신들 이외의 모든 것을 인간과 존재론적으로 구별되고 도구적 가치로만 판단되는 '사용적 자연'으로 묶어놓았고, 주체적 측면에서 수혜 특권자로 자리매김했다. 이것은 거대한 산업 발전이라는 틀을 인간 사회에 제공했다.

'산업과학기술 문명'이 인류에게 가져다준 혜택이 측량되지 못할 정도로 커진 것도 사실이다. 산업과학기술 문명이 인류를 빈곤에서, 결핍에서, 사회적 억압에서, 지적 어둠에서 점진적으로 해방시켜온 것도 실리적 사실이다. 이처럼 산업과학기술 문명은 분명히 인류에게 축복이면서 번영도 가져다주었다.

그런데 해와 달이 그러하듯, 역의 관계는 어디든 있다. 역설적으로 성장 발전의 이면에는 자연환경보전 위기라는 피하지 못할 심각한 현실이 자리하고 있었다. 결국 인류의 과제로 자연과 문명이 양립할 수 없다는 문제가 인간 앞에 대두되었다. 인류의 번영이자 축복이던 산업과학기술 문명이 인류에게 위기와 위협과 멸종을 예고하기에 이른 것이다. 지구온난화, 대량 쓰레기, 공기와 하천의 오염, 이로 인한 생태계 변화 등으로 자연환경은 심각하게 훼손되었고, 무제한적 개발과 자연 남용에 따른 소비문화로 자원이 고갈되어가는 등 자연은 급격히 파괴되고 황폐화되었다. 산업과학기술 문명이 역설적 결과로 인간을 위협하고 있는 것이다.

이에 인간은 자연환경보전과 관련해 철학적 전제의 반성을 이끌어내야 하며, 자연환경보전을 새로운 시각에서 재정립해야 한다. 현재 당면한 자연환경보전 문제는 올바른 자연관이 우선 필요하다.

소가 방귀세를 낸다. 자연환경오염의 주범에 소도 있다고 하면 놀랄 수도 있지만 사실이다. 소의 방귀까지 신경 써야 하는 시대에 우리가 살고 있다.

소 한 마리의 연간 온실가스 배출량은 4톤에 달해 승용차 한 대가 내뿜는 2.7톤의 1.5배에 이른다. 그리고 메탄가스의 온실효과는 이산화탄소(CO_2)의 25배나 되기에 소 방귀와 트림에서 발생하는 메탄가스로 인해 지구온난화가 심각한 수준에 이른 것은 사실이다. 육류를 좋아하고 소비도 증가하면서 지구온난화 속도 역시 빨라졌다. 이에 따라 실제로 2009년부터 에스토니아에서는 소를 키우는 축산농

소 한 마리가 일 년 동안 내뿜는
메탄가스 양이 약 85킬로그램이다.

가에 방귀세를 부과하고 있으며, 덴마크와 뉴질랜드도 축산농가를 대상으로 방귀세법을 추진하고 있다.

인간을 포함해 자연을 구성하는 모든 요소는 마치 존재적인 자율성을 유지하면서 밀접하게 유기적으로 결합한 것처럼 통일된 전체를 형성한다. 각 개체의 다양성을 추구하면서도 각 삶의 존재와 차이에 대한 자율성을 인식하고 그것을 통합된 몸으로 본다. 그리고 그것들은 체인으로 연결되어 있다. 그것들 사이에는 유기적인 상호 의존성이 있어 하나의 체인이 위협받으면 그 영향은 전체 유기체로 퍼진다. 생태계 먹이사슬이 바로 그것이다. 인간 역시 유기적 성질의 일부이기 때문에 인간의 주체적 사고에서 빚어진 인위적 행동으로 유기 질서를 깨뜨려서는 안 된다.

인간이 자연에 속한다는 것은 자연주의 철학을 말하고자 함이 아니다. 또한 자연이 인간에게 귀속된다는 인본주의 철학적 사고를 주장하는 것도 아니다. 자연환경 위기를 극복하기 위해 인간과 자연에 대한 이원론적 시각은 물론, 자연의 유용성만 생각하는 지나친 도구적 관점에서 접근하는 인간 중심주의에서도 벗어나자는 것이다.

그렇다. 한쪽에 치중하거나 몰입해서는 여전히 편협적인 대안만 도출될 뿐이다. 자연환경 위기에 대처하기 위한 실리적 접근 방법을 찾아야 한다. 이와 관련해 환경에 적응해가는 진화 과정으로서 유기체의 변화에 핵심을 두어야 한다. 유기체의 변화는 환경의 힘과 그것에 대응해 반응하는 자율적 변화에 의해 발생하기 때문이다. 따라서 요소 간 상호작용은 상당히 중요하다. 이는 곧 자연의 유기성이다. 아리스토텔레스와 플라톤은 자연에 대한 유기적 관점, 자율성과 유기성의 원칙을 가진 자연에 대한 관점을 가지고 있었다.

유기성 개념은 자발적 운동, 과정, 성장, 변화의 원칙에 기초한다.[29] 자연보호운동을 실전에서 행하는 활동가 관점에서 이러한 점을 강조하는 것이다. 자연보호운동가로서, 생명의 관점에서 자연관과 인간관

---

29) 윤효녕 (1997), 19세기 자연과학과 자연관, 서울대학교 출판부, pp.54-55.

을 확립하자는 뜻이다.

　이는 광대하거나 포괄적이지 않다. 다소 우직하다 할 수 있겠지만, 오히려 현실적이고 자체적이다. 자연환경의 본질적 가치를 나타내는 내재가치는 유기적 관점에서만 가능할 수 있기 때문이다. 이것이 자연생태 위기를 극복하는 데 필수적인 패러다임 정립을 위한 제언이다.

　인류는 성장 발달의 여정이 진행될수록 역의 관계에서 도출되는 자연환경 위기에 봉착할 수밖에 없다. 자연생태계 파괴로 수많은 종이 멸종되어가고 있고, 인류의 존속 자체도 큰 위기에 놓여 있다. 이 위기는 기존 패러다임의 어떤 기술로도 극복할 수 없을 것이다. 그러므로 현 패러다임의 획기적인 전환을 모색해야 한다.

　자연의 지속가능한 개발을 위해서는 자연관, 인간의 공존 세계관이 필요하다. 지금 전 지구적으로 새로운 인식 전환이 시작되고 있다. 인간의 자연에 대한, 자연관에 대한 인식 재정립은 '공존'의 세계관이다. 이것은 인류 생존을 위해서는 불가피한 자연의 사용을 통한 자연환경 정복과 자연환경 개발을 포기하자는 것이 아니라, 인류 삶의 조건이라는 관점에서 자연환경을 훼손시키지 않고 파괴시키지 않는 범위에서 지속가능한 개발을 해야 한다는 의미다. 그런데 자연환경보전은 그렇게 간단한 문제가 아니다.

　인류의 생존을 보장하기 위해 자연을 정복하고 개발할 때 자연환경보전은 훼손과 파괴 측면에서 '지속가능한 개발'이라는 명목 아래 어느 쪽으로든 치우칠 수 있다. 이는 인간 중심적 이원론을 통해 자연과 인간을 규정 짓고 있기 때문인데, 이러한 이분법적 인식은 도구적 사용에 효력을 발휘하는 사회 구조와 경제 구조에서 비롯된다. 따라서 공존의 세계관이 일반화되어야 한다. 공존의 세계관이 일반화될 때 비로소 자연과 인간, 인간과 자연은 존재론적 유기체적 설정이 가능하다. 존재론적 설정을 통해 접근하는 데는 자연환경의 유기체적 가치를 인정하고 거기에서 인간을 바라보는 방식이라야 공존의 세계관이 정립될 수 있다. 환경운동이 궁극적으로는 자연보호운동이고, 이것이 자연환경보전이라는 사실을 인정할 때 공존 개념으로서 자연환경보전의 철학적·이론적 근거는 유기체적 접근이 유일한 대안이다.

자연환경 파괴는 절대적 악이라는 인식이 필요하다. 생태계 파괴, 자연환경 파괴를 절대적 악으로 인식할 수 있는 새로운 의식과 인식 기반을 갖추어야 한다. 자연생태계를 파괴할 수 있을 정도의 힘을 지닌 우리는 책임감과 윤리 의식도 함께 가져야 한다. 자연과 인간을 공존의 세계관에 올려놓는 것은 자연 가치관의 새로운 정립이다.

인간의 삶을 물질적 풍요로 축적해온 산업과학기술 문명이 가치관의 방향을 바꾸지 않는 한, 인구 증가와 그것에 비례한 천연자원의 소비로 생태계는 더 심각하게 파괴될 테고, 자연 훼손과 황폐화는 가속이 붙을 것이다. 그리고 결국 인류의 멸종이 머지않은 장래의 필연적 사실로 도래하고 말 것이다. 이와 같은 이유로 자연과 인간이 융합되고 하나 되는 생명의 지향점을 찾는 자연관이 필요하다. 이는 인간 주도적, 혹은 인간 중심적 사고에서 벗어나는 것, 또한 자연과 인간 정신의 융합을 생명의 지향점에서 찾는 것으로 생명에 대한 존중과 두려움이 밑바탕이 되어야 한다. 즉 생명에 대한 외경심을 말한 슈바이처의 공존 사상은 자연에도 해당한다. 그가 말하는 생명에 대한 외경은 인간을 포함한 모든 생명을 존중하며, 인간뿐 아니라 자연도 함께 소중히 여기고 존중하는 마음을 가져야 한다는 의미다.

인간이 자연을 숭배하며 두려워하던 태곳적이 있었고, 이후 긴 세월을 거치면서 자연을 향유하고 만끽하는 시절을 보내기도 했다. 지금도 삶의 질을 향상시키는 부분을 부각하기도 한다.

그런데 이제는 원론적으로 다시 두려워하고 존중하는 대상으로 자연이 인류 앞에 서 있다. 물론 자연보호단체와 자연환경보전단체가 호소하는 무분별한 산업과학기술 문명의 유해성, 오염된 대기, 생명을 위협하는 생태계 파괴, 인류 종말을 예견하는 자연 문제에 대한 논쟁이 사치스럽고 또 한없이 무모하게 느껴질 수도 있다. 그러나 생태계 파괴, 자연 훼손, 환경오염은 인류가 대처해야 할 가장 시급하고 근원적인 문제라는 점을 자각할 필요가 있다. 그리고 이러한 문제의 해결은 일시적이거나 단회적이거나 한시적이어서는 안 된다. 인류 역사와 함께 이어져야 한다. 따라서 자연과 인간의 관계에 대한 기본 철학이 인간의 관념 속에 구축되어야 하며, 인간이 추구해야 하는 가치 안에 자리해야 한다.

인간을 포함한 생물체는 생태학적 관점에서 탄생부터 소멸까지, 훼손부터 복원까지 일련의 연계 과정에 놓여 있으며, 이는 곧 순환적이고 순차적이라는 것을 알 수 있다. 더욱이 이러한 일련의 과정과 순환적이고 순차적인 흐름은 언제나 연결되어 있어 관계적이고 자율적이며 유능적이다. 유기체적 실현 경향성을 뜻하는 것이다. "숲이 우거지면 새가 날아오듯이" 말이다. 소풍 나온 고양이가 인간의 정원을 마치 자기 집인 양 뒹구는 것처럼 말이다.

실제로 우리 정원에는 새들이 나무와 숲을 찾아 날아든다. 사계절을 지키며 흙을 파고 물을 뿌리는 거칠어진 손마디에 새들은 지저귀는 노랫소리로 화답한다. 인생 여정의 마지막을 안식하고자 요양원을 찾은 어르신들은 새와 나무와 고양이와 숲, 이들이 어우러진 전경 속에서 하루의 느긋함을 만끽한다. 그리고 영양사가 정성스럽게 만들어준 밥을 먹고 온종일 휴식과 안락으로 정원을 채워나간다. 인간의 분주한 발걸음을 잡아당겨 휴식이라는 안식을 선물하는 흐드러지게 핀 금잔화는 인간의 웃음에 기름을 붓는다. 하루하루가 힘에 겨워 누군가를 그리워하며 기다려야 하는 어르신들의 긴 듯한 하루 여정을 평안으로 채워준다. 손길을 다하지 못한 죄송함이 발끝에 맺혀 있는 자녀들에게도 자연이 어우러진 정원은 안도의 마음을 선사한다. 새들도, 고양이들도, 토끼들도, 염소들도, 강아지들도, 풀들도, 나무들도, 꽃들도, 숲들도, 정원사도, 영양사도, 어르신들도, 자녀들도 가만히 들여다보면 그들의 생존 자체는 종의 개체이지만 개별적인 것이 아니라 종들의 관계적 형태임을 알 수 있다. 자연과 인간은 이처럼 서로 유기적이다. 어르신들의 요양에 나무와 숲이 영향을 미치고, 유기적으로 연결고리가 되어 서로 영향을 주고받는다.

어르신의 소식을 물어오는 보호자들은 서로서로 얽히고 또다시 설키는 자연의 연결 틀 속에서 유기적 활동을 이어가는 유기체의 공존 관계다. 유기체적 접근은 순간적이고 일회적인 생명력이 아니라, 끊임없이 반복되면서 되풀이되는 지속적이고 존재론적인 생명력을 의미한다.

인간은 자신의 종을 유지하고자 자연을 찾는다. 그런데 이보다 선행적인 일은 인간이 자연을 찾는 것이 아니라, 자연이 어우러져 나타나는 상황 속에 인간이 수용된다는 것이다. 다시 말해 선행적으로 자연과 자연이 유기적 상보 작용을 하니 자연이 더욱 풍성해지고, 풍성해진 자연은 인간을 더욱 건강하게 지탱할 수 있도록 해준다는 뜻이다. 따라서 자연과 인간을 자연과 자연, 자연과 인간, 인간과 인간의 생명성을 바탕으로 생태학적으로 봐야 한다. 인간도 생태계 일부로서 다른 생명체 및 자연환경과 유기적 관계를 맺으며 지속하는 자연

유산이다. 자연환경 역시 존중받아 마땅한 만큼, 인간과 자연의 조화 및 균형을 중시하는 관점을 일상으로 확대해나갈 때 공존의 세계관이 중시될 수 있다.

자연환경보전의 유기체적 가치에 대한 인위적 접근에는 두 가지 영역이 있다. 하나는 사회 구조적 측면에서 접근하는 영역이고, 다른 하나는 범인류적 측면에서 접근하는 영역이다. 그 구체적인 실행 가운데 하나가 자원재활용사회, 즉 자원순환사회 구조를 이루는 일이다. 자원순환사회 구조를 이루어야 하는 많은 이유 중 하나는 지구온난화global warming & climate change[30] 때문이다. 지구의 기후 시스템은 대기 유기체, 차가운 층, 지표, 해양, 대기로 구성된다. 과거 산업혁명 전까지 지구는 기후 시스템을 통해 에너지, 물, 대기 중의 가스 성분, 유기물을 안정적으로 순환시킬 수 있었다. 그러나 산업혁명 이후 자원 남용으로 기후 시스템이 변화하기 시작했다. 그리고 결국 인간은 이산화탄소 과다 배출로 지구온난화 문제에 직면하게 되었다.

'기후변화에 관한 정부 간 협의체IPCC(Intergovernmental Panel on Climate Change)'에 따르면 현재와 같이 온실가스 배출량이 증가할

---

[30] 지구온난화는 온실가스 농도의 증가가 지구의 복사열을 과도하게 흡수해 지구의 에너지 균형이 깨지고 기온이 상승하는 현상을 말한다. 지구의 평균 지면 온도는 섭씨 약 15도를 유지하기 위해 태양의 복사에너지에 의해 제어된다. 그러나 지난 20년 동안 온도가 0.5도 올랐으며 1도가량 상승할 것으로 예상된다. 21세기 중반 지구온난화는 인간 활동으로 인해 대기로 방출되는 이산화탄소, 가축 폐수의 메탄 및 과량의 질소 비료가 분해되어 생성된 아산화질소 같은 온실가스 때문에 발생하고 있다.

경우 2090~2099년 금세기말 우리가 살아갈 지구의 평균 기온은 1980~1999년과 비교해 섭씨 1.8~4.0도 오르고, 해수면은 최대 59센티미터 상승할 것으로 전망된다. 온실가스 배출량이 증가하지 않고 지금처럼 유지되더라도 기존에 배출된 온실가스가 대기 중에 오랜 기간 잔존해 있기 때문에 지구 평균 기온은 꾸준히 올라 금세기말에는 0.6도가량 상승할 것으로 예상된다.

대기 중으로 배출되는 이산화탄소 양을 줄여야 지구온난화를 막

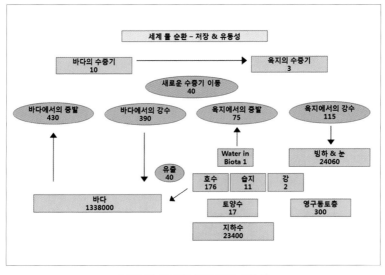

〈그림 10〉 지구온난화와 물의 순환 [31]

31) 임상철, 습지 수생식물의 이해, 상지대학교 원예조경학과, 강의안, p.3.

지구온난화와 지구 열화는
계속 일어나고 있다.

을 수 있는데, 그렇다면 이산화탄소 발생을 줄이는 방법에는 어떤 것이 있을까? 여러 가지 예측 시나리오가 있다. 신재생에너지 개발, 원자력에너지 이용, 절약 및 효율 향상 기술 사용[32], 경제적인 CCS (CO₂ Capture and Storage) 기술 개발 등이다. 이 가운데 범국민적 측면에서 실천 가능한 부분이 절약 및 효율 향상 기술을 사용하는 것이다. 이것이 자원재활용사회의 한 영역이다.

재활용 대상 자원에는 천연자원 전체가 포함된다. 그 가운데 지구온난화와 거리가 먼 것 같아 안일한 인식에 갇혀 있는 자원이 있다. 안일함 속에 있지만 실제로는 가장 직접적인 원인이고, 우리에게는 일상이 된 자원이다. 그것은 바로 '종이'다. 현대 문명을 지탱해주는

---

32) 내연기관이 작동할 때 방출되는 이산화탄소의 양을 줄임으로써 사용되는 에너지양을 감소시키거나, 천연자원을 덜 소비하거나, 에너지를 덜 쓰는 제품을 생산하는 것을 말한다.

필수 원자재인 종이의 생산과 이용을 예로 들면 자원 남용을 이해하고 기후온난화에 대해서도 알 수 있다.

우리는 종이 시대에 살고 있다

인간을 바이러스로부터 구하는 길은 일회용 컵을 사용하는 것이라며 세계적으로 일회용품 사용을 권장한 지 이미 오래되었다. 우리의 일상생활이 종이로 채워진다고 해도 과언이 아니다. 무심코 실생활에서 사용하고 버리는 각종 종이와 종이컵은 물론, 업무 때 쓰는 복사용지와 다양한 포장용지, 광고지까지 세상은 온통 종이 천지다. 그렇다면 우리는 하루에 어느 정도 종이를 사용할까? 우리가 무심코 사용하고 버리는 종이들이 얼마나 환경을 파괴하는지 생각해볼 때가 되었다.

종이 한 장도 허투루 버리지 말아야 하는데, 실생활에서는 일회용 용기의 사용과 폐기가 너무나 무분별하게 일어나고 있다. 종이 사용이 일상이 된 지금, 우리는 종이를 만들기 위해 얼마나 많은 천연자원을 어디에 어떻게 사용하고 있을까? 먼저 종이 사용을 보자. 인간은 다양한 방법으로 종이를 사용하고 있으며, 우리나라에서는 골판지와 포장용지가 종이의 60퍼센트를 차지하고 있다. 그다음은 발행지 24

한 번 쓰고 버린 종이컵은
일회용이지만,
종이컵의 원료가 되는 나무는
20년을 자라야 한다.

퍼센트, 신문지 12퍼센트, 화장지 4퍼센트 순이다.

매년 120억 개의 일회용 종이컵이 생산, 소비되고 있다. 휴지, A4 용지, 종이컵 같은 일회용품은 안일한 인식 속에 담아둘 단순한 소모품이 아니다. 펄프와 제지를 생산하는 제지산업은 에너지 집약적 산업으로, 우리가 생각하는 것보다 더 많은 기계와 장비를 필요로 하며 그것이 제지 비용의 25퍼센트를 차지한다. 그런데 종이 사용으로 파생되는 천연자원의 상실과 자연환경 훼손에 대해서는 안일한 인식을 가지고 있다.

경제협력개발기구OECD에 따르면 제지산업의 온실가스 배출량은 화학산업, 철강산업에 이어 3위를 차지하고 있다. 지구온난화의 핵심 원인 가운데 하나인 것이다. 현대인은 일상이 된 종이 사용의 편의를 위해 큰 대가를 치러야 한다. 21세기는 인터넷 시대이자 전자문서 시대다. 그러나 종이 사용량은 줄어들지 않고 있다.

편이성 위주의 종이 사용량이 줄어들지 않는 이상 천연자원인 산림의 훼손은 계속될 것이다. 그로 인한 기후변화 역시 멈추지 않을 것이다. 오히려 지구온난화가 가속화할 수 있다.

종이 사용은 곧 대기 온도의 자정력을 가동시킬 수 있는 산림을 훼손하는 일이다. 인류가 존재하는 한 목재 사용은 계속 증가할 것이며, 이로 인한 탄소 배출 역시 증가할 테고, 이는 곧 기후변화에 적신호를 보낼 것이다. 이것이 21세기 전 지구적으로 지구온난화 억제를 위해 분투의 노력을 기울이고 있는 이유다.

산림과 인간의 관계는 운명공동체라고 봐야 한다.[33] 열대우림을 지구의 허파라고 부르는 것도 그래서다. 열대우림은 예부터 지구의 허파로 불려왔다. 그런데 이런 열대우림이 지금은 60억 헥타르에서 16억 헥타르만 남아 있는 상태다. 예측적 관점에서 앞으로 50년 안에 열대우림이 사라질 수 있다는 두려운 전망도 나온다.

산림은 자연환경보전의 유기적 고유 가치가 가장 큰 자원이다. 대기

---

33) 산림과 인간의 관계 변화: 산림은 오늘날 문명 발달의 토대가 되었다. 인류 문명이 수렵사회, 농경사회, 산업사회, 현대사회로 발전하는 과정에서 숲은 일방적으로 수탈되거나 이용되어왔다. 최근 환경이 악화됨에 따라 산림의 지속가능한 개발과 보존의 조화에 대한 논의가 가열되면서 산림은 인간의 만족을 위한 수탈과 이용의 일방적인 관계에서 인간의 생존을 위한 필수불가결한 호혜적인 동반자 관계로 인식이 전환되고 있다. 즉 산림은 인류의 생존을 위한 운명공동체적인 생태계로 인식이 변화되고 있는 것이다. 남송희, 박용배, 제경영(2000), Forest & forestry technique, 산림청 사유림지원과, 삼정인쇄공사, p.12.

오염물질을 정화하고 산소를 생성하며 지구온난화를 억제하는 과정에서 지구를 냉각시켜 균형을 이루게 하기 때문이다.

다음은 대량 폐기물이다. '쓰레기 제로 도시 zero waste city' 선언은 사실 폐기물 제로 도시를 의미한다. 폐기물 문제는 폐기물 생성을 억제하는 것이 가장 좋은 해결 방법이다. 그러나 대다수 사회가 폐기물의 생성보다 소각, 매립에 더 중점을 두는 것이 사실이다. 현대사회에서 대량 생산과 대량 소비라는 큰 문제를 해결해 쓰레기 문제를 극복하고 생태사회로 옮겨가지 않으면 이 또한 쉽지 않다.

생태사회로의 전환을 인식하면서 도시를 기반으로 하는 '제로 폐기물 운동'은 대량 생산과 대량 폐기물 사회를 극복하는 대안으로 등장했다. 이것은 일시적이거나 지엽적이거나 특정 지역의 시행만으로는 어려운 일로, 범화되어야 효과를 거둘 수 있다.[34][35] 앞서 언급한 바와 같이, 자연보호중앙연맹에서도 자연보호운동 실천으로 폐기물 감소 활동을 연중 수행하고 있다.

에너지의 과도한 소비도 문제다. 기름을 예로 들어보자. 석유는 산업사회의 기본 원료다. 그러나 현재 매장량은 향후 40년 동안 사용할 수 있는 정도이며, 이러한 천연자원의 고갈을 막기 위해서는 대안 자

---

34) 윤호창 (2014), 주민참여형 자원재사용·재활용센터 활성화 방안 연구, 전국녹색가게운동협의회, 김수현 (2014), 작은 연구, 서울연구원, p.12.
35) 오정익 (2011), 발효·소멸기술을 이용한 음식물 쓰레기 제로 하우스 시스템의 실용화 연구, 토지주택연구원, p.1.

생존의 경계,
쓰레기 일상.

원을 확보해야 한다. 하지만 자원 고갈의 위기는 대체 사용의 부재로 더욱 심화하고 있다. 특히 우리나라는 에너지 소비가 많은 나라다.[36] 이것은 지속가능성의 위기다. 이 위기는 국가마다 다르며, 중화학공업을 중심으로 급속한 산업화와 경제성장을 겪은 우리나라는 기후변화로 가장 큰 타격을 입었다. 에너지와 기후가 우리의 새로운 복구 비용으로 부각되고 있지만, 위기 관점에서 보면 부처마다 다르고 생소해 기존 대처 방식으로는 대응할 수 없는 상황에 도달했다.[37] 따라서 자연환경에 집중하고 지속가능성을 보장하기 위해서는 패러다임 전환이 신속하게 이루어져야 하지만, 이것 역시 아직은 피상적인 상

---

36) 김용근 (2009), 2010 세상을 바꾸는 생각들, 녹색사회에서의 소비자변화, 한국산업기술진흥원 기술전략팀, pp.7-8.
37) Ibid., p.10.

태다.

요약하면 폐기물은 인간의 실생활과 산업사회 활동에 의해 불가피하게 발생한다. 이러한 폐기물은 폐기물로 유지될 뿐이지만, 폐기물을 에너지로 최대한 변환하고 폐기물 생성을 억제함으로써 천연자원의 사용을 최소화하는 사회를 만들어야 한다. 이런 사회는 자원재활용사회, 지속가능한 자원 사회다.

자원재활용사회를 만들기 위해서는 이미 생성된 폐기물이라도 재활용 및 재사용 활동을 통해 적극적으로 에너지로 변환시켜야 한다. 폐기물의 재활용 및 재사용은 지속가능한 자원재활용사회를 만드는 데 필요한 기초이기 때문이다.

인간이 필요 이상으로 자원을 사용하고 있고, 그에 따른 피해는 생태계를 파괴할 뿐 아니라 많은 양의 폐기물을 만들어 자체 청소 능력, 즉 자정력을 잃게 했다. 이는 자연환경보전에 대한 유기적 가치 접근법이 없었기 때문이다. 이러한 자연 피해를 방지하기 위해서는 유기적 가치 접근의 자연환경보전이 사회 구조와 인간 차원에서 수행되어야 한다.

3장
자연환경보전의 현주소

불타는 숲은 아프다

열대우림이 파괴되고 있다. 지구의 허파로 불리는 열대우림의 파괴는 기후변화를 치료할 수 있는 유일한 지구 병원이 사라지는 것이다. 열대우림이 파괴된다는 것은 온실가스가 다시금 대기 중으로 배출된다는 뜻으로, 자연환경 파괴를 더욱 심각한 지경에 이르게 한다. 그런데 파괴되고 있는 자연과 삶의 터전을 잃어가고 있는 인간은 눈에 보여도, 자연환경이 회복될 가능성은 희박해 보인다.

열대우림은 연중 기온이 높고 비가 많은 적도 부근의 열대지방에 형성된 산림을 말한다. 이곳에서 나는 식물의 성장 속도는 우리나라에 비해 6배가량 빨라 열대우림은 지구를 치료하는 센터 역할을 한다고 볼 수 있다. 열대우림은 대표적인 온실가스인 이산화탄소를 흡수하기 때문에 기후변화 측면에서도 매우 중요하다. 쉽게 말해 열대우림은 지구가 앓고 있는 기후변화라는 질병을 치료할 수 있는 대학병원과도 같은 존재다. 우리는 몸이 아프면 병원을 찾아가 질병의 원인을 알아내고 치료를 받아 회복한다. 우리의 병을 치료하는 기관이 병원이듯, 자연을 치료할 수 있는 시스템이 열대우림이다. 열대우림은 자연을 치료하는 건강한 센터인 셈이다.

자연이 건강해야 인간의 경제성장과 삶의 풍요도 기대할 수 있다는 점을 잘 알 것이다. 따라서 더는 인간만을 위한 이기적인 성장이 아닌, 자연과 인간의 공존 관계성, 즉 생존 유기성을 고려한 지속가능 성장을 도모해야 할 시기다. 우리는 이제 문명 발달의 후유증에 대해 깊이 고민해야 한다.

숲은 지금 아프다.

문명의 역설이 21세기에 나타나다

문명의 역의 현상으로 자연이 위기를 맞았다. 쓰레기, 대기 및 하천 오염, 지구온난화 등으로 자연환경이 심각하게 파괴되었으며, 무한한 개발과 소비로 자원이 고갈되어 자연환경은 급속히 황폐되었다.

이제 자연환경 위기는 전 지구적 차원의 문제다. 지구온난화, 생물 멸종위기, 열대우림 감소, 사막화, 빙하 손실, 황사, 자연환경 재앙 사고 같은 자연환경의 위기는 곧 인류의 멸종을 예고하는 것이기도 하다. 이러한 전 지구적 문제를 해결하기 위해서는 전 세계 모두의 관심과 협력, 그리고 각 주체의 노력이 필요하다. 즉 첫째, 시민들의 일상생활에서 노력과 국제적 감시 및 지지 활동이 필요하며 둘째, 정부는

문명의 발달이 가져온
인류의 가장 큰 비극은
자연환경 위기다.

국제적으로 연대하고 이때 강대국이 먼저 책임감과 양보의 자세를 가져야 하며 셋째, 기업은 자연환경과 인간을 고려해 국제 약속과 정의의 범위에서 경제적 이윤을 추구해야 한다.[38]

이에 발맞춰 21세기 자연환경보전의 방향은 지속가능한 개발이라는 비전을 세워 추진되고 있다. 그 일환의 하나가 자원재활용 정책이다. 이것은 현세대가 해야 할 미래세대를 위한 패러다임 전환인데, 유엔 지속가능발전해법네트워크SDSN에서는 인간의 번영과 안녕을 위해 경제 우선의 성장 지향 개발 패러다임에서 자연환경을 포함하는 지속가능한 개발로의 패러다임 전환을 추구하고 있다.

미래세대의 욕구와 현세대의 욕구를 모두 수용할 수 있는 개발이 이루어져야 한다. 21세기는 인류 발전을 위해 경제성장 중심에서 지속가능한 개발ESSD(Environmental Sound and Sustainable Development)[39] 전략으로 변화하고 있다. 지속가능한 개발을 위해서는 가능한 한 많은 생태계의 수용 능력을 고려하고, 이와 더불어 철저한 오염 관리를 통해 생태계를 보전하며, 자원 주기 내에서 발생하는 세대 간 형평성을 고려하는 개발과 보전의 균형이 중요하다.

다시 말해, 지속가능한 개발은 미래세대의 욕구를 훼손시키지 않

38) WWF (2016), Our Future, SDGs: The Importance of Environmental Aspects in the New International Development Agenda ⓒ Text and graphics, p.2.
39) 2018 Sustainability Report Damyang (2019), 담양군 지속가능발전위원회, p.9.

으면서 현세대의 욕구를 충족시키는 개발을 뜻한다. 이에 따라 21세기 자연환경 정책은 오염물질의 생산, 분배, 소비 전반에 걸친 오염 및 재활용 자원을 줄임으로써 삶의 질을 향상시키는 것을 목표로 한다.[40] 이러한 목표는 자원의 수거, 사용, 폐기를 포함해 각 단계에서 생성된 환경 부하를 처리하기 위해 지구적 수용성의 한계를 충족시켜나가는 것이다. 특히 이산화탄소 배출량을 줄여가는 것이 주된 목표다.

〈그림 11〉에 나타난 것과 같이 이산화탄소의 인위적 배출량을 줄여나가는 시나리오를 작성해 실행하고 있다. '(a)'에서 SPMSummary for Policymakers(정책 결정자를 위한 요약본)의 대표 농도 경로RCP의 이산화탄소 배출량(선)과 이와 관련된 WGⅢ(기후변화 완화)[41] 시나리오 범주categories인 음영 색상으로 채워진 부분은 5퍼센트에서 95퍼센트 범위를 나타낸다. WGⅢ는 각종 과학 문헌에서 나타난 배출량 시나리오들을 요약해 다양한 배출 시나리오 범주를 제시했으며, 이는 2100년 이산화탄소 환산 농도 수준ppm을 기준으로 분류되었다.

온실가스 배출의 시계열time series도 식별 가능하다. '(b)'에서 다양

---

40) 양병이 (1993), 지속가능한 개발을 위한 환경적합성평가, 環境論養 第三十一卷(1993), 서울대, p.8.
41) WGⅠ(기후변화 과학적 근거), WGⅡ(기후변화 영향, 적응 및 취약성), WGⅢ(기후변화 완화), Working Group Ⅰ(WGⅠ: 기후변화에 대한 과학적 이해와 기후 모델링), Working Group Ⅱ(WGⅡ: 기후변화 영향평가, 적응, 취약성 평가), Working Group Ⅲ(WGⅢ: 배출량 완화, 사회경제적 분석, 정책).

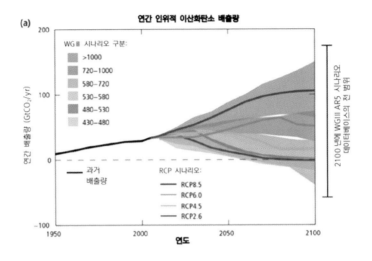

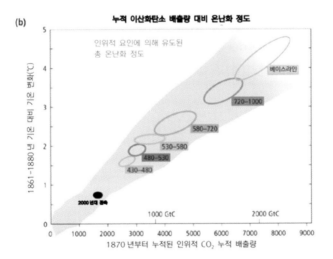

〈그림 11〉 연간 인위적인 이산화탄소 배출량과 누적 지구온난화 정도

한 증거를 바탕으로 이산화탄소 배출량이 일정 수준 누적 총량의 특정 수준에 달했을 때 지구 표면 온도 또한 상승하는 것을 볼 수 있다. 색이 채워진 부분은 과거 배출량에 따른 기후 탄소 순환climate carbon cycle을 나타낸다. '(a)'는 모델 계층hierarchy과 2100년까지 네 가지 RCP에 따라 과거와 미래 전망의 분포 정도를 나타낸 것이며, 이용 가능한 모델의 수가 감소함에 따라 색이 옅어진다. '(b)'에서 타원은 WGⅢ의 각 시나리오 범주에서 간단한 기후 모델에 대한 1870~2100년 누적 이산화탄소 배출량 대비 2100년의 총 인위적 지구온난화 정도를 나타낸다.

⟨그림 12⟩에서 온도 측 타원의 너비는 지구온난화를 유발하는 가스 중 이산화탄소를 제외한 비이산화탄소의 영향에 따라 달라진다. 검은 점과 같은 타원은 2005년에 관찰된 배출량과 2000~2009년 10년 동안 관련 불확실성과 함께 관측된 기온을 나타낸다.[42]

또한 ⟨그림 12⟩에서 지구 평균 지표 온도 변화('a')는 2006~2100년 여러 모델을 시뮬레이션한 결과 전 세계 평균 해수면 상승('b')과 제시된 모든 변경 사항이 1986~2005년과 비교된다. RCP2.6(파란색) 및 RCP8.5(빨간색) 시나리오에 대한 예상 시계열과 불확실성 측정(회색으로 채워진 부분)이 표시된다. 2081~2100년 평균과 관련된 불확실성은 각각

42) 기후변화 (2014), 종합보고서정책결정자를 위한 요약보고서, p.9.
43) Ibid., p.11.

의 RCP 시나리오에 대해 각 패널의 오른쪽 끝에 음영 막대로 표시된다. 또한 다중 모형 평균을 계산하는 데 사용된 결합 모형 비교 프로젝트에서 5단계 모형의 수를 나타낸다.[43]

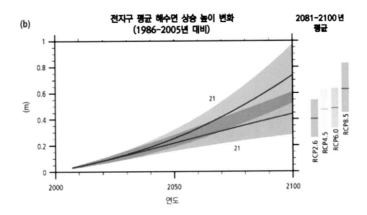

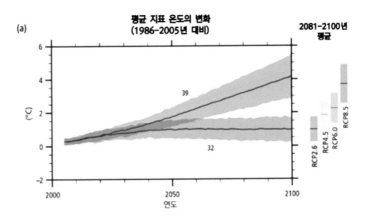

〈그림 12〉 지구 평균 지표 온도 변화 및 평균 해수면 상승 변화

유엔기후변화협약UNFCCC의 21세기 협약 결의에 따른 에너지원 확보를 통한 기온 안정화는 〈그림 13〉과 같은 시나리오로 예상할 수 있다.[44] 여기서 주목할 것은 IPCC[45]에서 기후변화란 자연 변동에 의한 것이든, 인간 활동의 결과에 기인한 것이든 기후에 있어 모든 변화를 함축한다는 점이다.

온실가스는 원래 인간의 삶에 필요한 것이다. 하지만 지금처럼 필요량 이상의 온실가스는 인류의 삶에 또 다른 위기가 된다.[46] 이에 지속가능한 경제성장 및 온실가스 감축 목표는 기후변화에 대응하기 위한 장기적이고 일관된 정책과 전략을 요구한다. 예를 들어 파리기후변화협약 탈퇴, 국내 주요 녹색기술의 변화, '저탄소 녹색성장 기본

---

44) 2015년 프랑스 파리에서 개최된 유엔기후변화협약 제21차 유엔 회의에서 지도자들은 2100년까지 전 세계 평균 기온 상승을 2도 이내로 억제하기로 합의했다. 기후변화에 관한 정부 간 패널(IPCC)의 제5차 평가보고서(AR5)에 따르면, 온실가스 배출량은 2010년에 비해 40~70퍼센트 감소해야 하며 2도 내에서 평균 기온 상승을 통제해야 한다. 이에 거의 100퍼센트를 21세기 말까지 감축해야 한다고 결의했다.

45) 2013년 9월 27일 스웨덴 스톡홀름에서 IPCC는 WGI 제5차 평가보고서 중 '정책결정자를 위한 요약보고서'를 통해 온실가스 감축 없이 현재와 같은 추세로 온실가스를 배출할 경우(이산화탄소 농도가 2100년 936ppm에 도달할 경우) 21세기 말(2081~2100년) 지구의 평균 기온은 1986~2005년에 비해 섭씨 3.7도 오르고 해수면은 63센티미터 상승할 것으로 전망되었다. 그러나 감축이 상당히 실현되는 경우(이산화탄소 농도가 2100년 538ppm에 도달) 평균 기온은 1.8도, 해수면은 47센티미터 정도로 상승폭이 완화될 수 있을 것으로 내다봤다. IPCC 제5차 평가보고서, 기상청·기후과학국 기후정책과 보조자료, p.1.

46) 온실가스의 정체: 지구는 섭씨 15도가 인간의 삶에 가장 적당하다. 그렇지 않으면 극한 추위에 인류의 삶은 위협받게 된다. 온실가스는 지구의 담요 역할을 한다. 그런데 문제는 필요 이상으로 기온이 빠르게 상승하고 있다는 것이다. Dave Reay (2007), Climate Change Begins at Home (Hard Cover), Life on the Two-way Street of Global Warming, 이한중 역, 바다출판사, p.32.

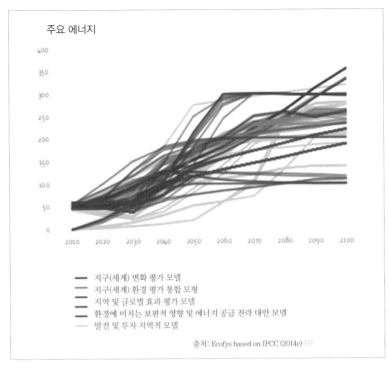

주요 에너지

〈그림 13〉 IPCC 기반의 친환경화

법'의 축소 등 정권교체에 따른 새로운 정책 기조에 따라 관련 정책
과 규제가 변화하는 등 정책 일관성이 결여되면 달성이 어려워진다.[48]

47) Paul Noothout, Moritz Schäfer, Matthias Spöttle, & Keith Whiriskey (2019), Climate Change
(2019), 09/2019 Environmental Research of the Federal Ministry for the Environment,
Nature Conservation and Nuclear Safety Project No. (FKZ) 3715 41 108 0 Report No.
FB000021/ENG Assessment of bio-CCS in $2^\circ C$ Compatible Scenarios Final Report, p.31.
48) 김형주 (2018), Climate Change; Climate Technology; Mitigation; Adaptation; Technology
Convergence, 정책연구 2017-26, 녹색기술센터, p.110.

또한 우리나라는 자원이 빈약하기 때문에 자원이 풍부한 해외에 크게 의존하고 있으며, 국토 면적이 좁아 매립지를 건설하기도 어렵다.

이에 자연순환 체계로의 패러다임 전환이 절실히 요구됨에 따라 패러다임 전환이 정책으로 이루어졌으며, 경제·사회 구조를 지속가능한 자원순환으로 개선하기 위한 '자원순환기본법'을 법적 근거로 제정했다. 자원순환기본법에 따라 순환 경제 실현을 위한 중장기적 정책 방향과 세부 전략을 포함한 국가 자원순환기본계획(2018~2027년)도 시행하고 있다.[49]

자연은 인류 발전에 쓰이는 자원이고 모든 자연은 인간을 위한 도구라는 인식으로 인해 자연환경보전의 위기는 시간이 지남에 따라 인류를 위협할 것이다. 이에 따른 생물다양성의 감소는 인류에게 더욱 위협적일 뿐 아니라, 가장 현실적이고 직접적인 핵심 명제로 떠올랐다.[50] 이와 관련해 사회적·경제적·현상학적 측면을 개별화하거나 분리하지 않고 통합된 관점을 확립함으로써 생물다양성 감소에 대처하기 위한 자원재활용 정책이 시행되고 있다.

생물다양성의 위협은 결과적으로 종의 수를 감소시키고 유전적 다

---

49) 지속가능한 순환경제 실현을 위한 제1차 자원순환기본계획(2018~2027), 2018, p.2.
50) Vaclav Smil (2003), Energy at the Crossroads: Global Perspectives and Uncertainties, 허은녕, 김태유, 이수갑 역 (2008), 창비, p.152.

양성을 상실시켜 전체 생태계를 파괴한다. 개체군 크기가 작아짐에 따라 유전적 변이가 줄어들고, 직면한 환경 변화로 더 작은 집단이 되기 때문이다. 따라서 개체군의 감소가 멸종으로 이어지는 것이다. 이러한 생물다양성의 위협 요소 가운데 주요한 것이 서식지 파괴와 환경오염이다. 그 이유는 서식지 파괴와 환경오염은 기후변화에 직접적인 영향을 미치고 기후변화의 후유증[51]은 지구온난화의 주요 원인이기 때문이다. 그러므로 기후변화로 인한 지구온난화를 억제하기 위해서는 생물다양성의 감소를 줄여야 한다. 생물다양성이 감소하는 직접적인 원인이 서식지 파괴, 기후변화, 자연의 과잉 이용과 남용, 환경오염이기에 특히 이산화탄소 배출과 온실가스 배출을 최소화하기 위한 대책을 세우고 있다. 바로 유엔기후변화협약의 21세기 협약 결의가 그것이다.

다시 기후변화에 대해 말해보자. 〈그림 14〉는 미국 해양대기청NOAA이 발표한 세계 기후 보고서다.[52]

---

51) 기후변화의 후유증에는 빙하 감소, 홍수, 가뭄 및 사막화, 해수면 상승, 생태계 변화가 있다. Dave Reay (2007), pp.25-27.
52) NOAA National Centers for Environmental Information, State of the Climate: Global Climate Report for July 2019, published online August 2019, retrieved on October 29, 2019 from https://www.ncdc.noaa.gov/sotc/global/201907

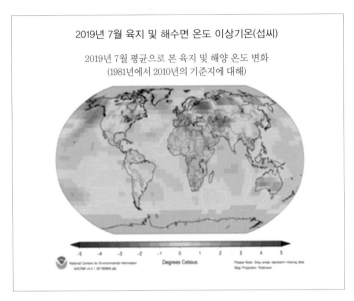

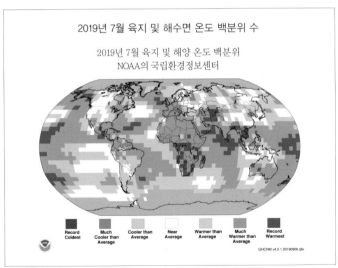

〈그림 14〉 지구 기후보고서-지구 표면 온도

그리고 〈그림 15〉의 RCP2.6(왼쪽)[53] 및 RCP8.5(오른쪽) 시나리오에서 '(a)'는 연간 평균 지표 온도의 변화를, '(b)'는 평균 강수량의 변화

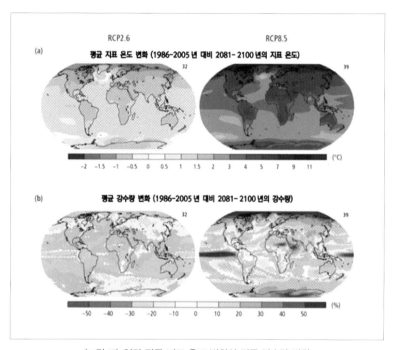

〈그림 15〉 연간 평균 지표 온도 변화와 평균 강수량 변화

---

53) RCP(Representative Concentration Pathways): 대표 농도 경로를 뜻하는 것으로, IPCC 제5차 평가보고서는 인간 활동이 대기에 미치는 복사량으로 온실가스 농도를 정했다. IPCC 당사국들은 하나의 대표적인 복사 강제력에 대해 사회 및 경제 시나리오는 여러 가지가 될 수 있다는 의미에서 '대표(Representative)'라는 표현을 사용하고, 온실가스 배출 시나리오의 시간에 따른 변화를 강조하기 위해 '경로(Pathways)'라는 의미를 포함했다. IPCC 제5차 평가보고서: 21세기 말 기온은 3.7도, 해수면은 63센티미터 높아져, 기상청·기후과학국 기후정책과, 보조자료, p.15.

전망을 나타내고 있다. '1986~2005년' 대비 '2081~2100년'의 다중 모형 평균을 기반으로 한다. 다중 모형 평균을 계산하는 데 사용된 모형의 수도 각 그림의 오른쪽 끝에 표시되어 있다. 자연적인 내부 변동성과 비교해 변화가 예상되는 지역 및 모델의 경우, 변화 징후가 적어도 90퍼센트이면 그 영역에는 점이 표시된다.

변화가 자연적인 내부 변동성의 1 표준편차보다 작을 것으로 예상되는 영역은 해칭(대각선)으로 표시했다.[54] RCP4.5 기준으로 21세기 말 동아시아 지역의 평균 기온은 2.4도 상승하고 강수량은 7퍼센트 증가할 것으로 전망된다.

'지구온난화 1.5℃ 특별보고서 요약본SPM'에 따르면 〈그림 14〉와 같이 세계 육상 및 해수면 온도는 1880년 기록을 시작한 이래 2019년 7월이 20세기 평균보다 높은 0.95도(화씨 1.71도)로 최고를 나타냈다. 이 값은 0.03도(화씨 0.05도)를 초과했다. 2019년 7월은 43일 연속, 415개월 연속으로 20세기 평균 이상의 지구 지표 온도를 기록했다. 2016, 2017, 2019년은 평균 온도가 0.90도(화씨 1.62도) 이상인 유일한 달이 7월이다. 세계에서 가장 따뜻한 달도 7월이다. 특히 2019년 7월이 가장 높았다.

2100년까지 전 세계 평균 기온 상승을 1.5도 이내로 제한하려면 모

---

54) 기후변화 (2014), 종합보고서정책결정자를 위한 요약보고서, p.12.

든 사회 부문에서 빠르고 광범위하며 전례 없는 변화가 필요하다. 2010년에 비해 2030년까지 이산화탄소 배출량을 45퍼센트 이상 감소시켜야 하며, 2050년까지 순영점net-zero 배출량을 달성해야 한다. 이는 모든 잔류 이산화탄소 배출량의 균형을 유지해야 한다는 것을 의미한다.[55] 그렇지 않으면 미국 지구정책연구소Earth Policy Institute의 레스터 브라운Lester Brow 소장의 경고처럼 21세기에는 전쟁 난민이 아니라 늘어나는 환경 난민 문제로 전 지구가 더 큰 심각성에 봉착하게 될 것이다.[56]

우리나라는 기상청의 '미래 기후변화 예측 보고서'에 따르면 온실가스 배출 추세를 현재와 같이 유지(RCP8.5)할 경우, 21세기 후반(2071~2100년)에는 한반도 기온이 현재(1981~2010년)에 비해 5.7도 상승할 것으로 예상된다. 지역적으로 보면, 북한의 기온 상승(+6.0도)은 한국의 기온 상승(+5.3도)보다 높다. 결과적으로 21세기 후반 평양의 기온은 제주도 서귀포(16.6도)와 비슷할 것으로 예상되며, 일부 지역을 제외하고는 한국의 대부분 지역과 북한의 황해 연안이 아열대 기후대가

---

55) 기상청 보도자료 (2008), 제48차 IPCC 총회, 성공적으로 마무리하다!: 지구온난화 1.5℃ 특별보고서 요약본(SPM) 최종 승인, 기후정책과, p.2.
56) 환경 난민이란 유엔환경계획(United Nations Environment Programme: UNEP)에서 사용하기 시작한 용어로, 환경 파괴로 인해 고향을 떠나야 하는 난민을 일컫는 말이다. 기후변화 및 인간의 영향에 따른 생태적 환경 변화로 발생한 난민을 의미하는데, UNEP는 난민이 앞으로 더 늘어날 것으로 전망하고 있다. Lester R. Brown (2009), Plan B 4.0: Mobilizing to Save Civilization, 우리는 미래를 훔쳐 쓰고 있다, 이종욱 역 (2011), 도요새. p.81.

될 것이다.[57)]

지구 평균 기온이 5.2도 올라가면 북극해 얼음과 바다 얼음이 사라진다. 기후정책이 뒷받침되지 않는다면 우리나라의 대부분 지역도 금세기말 아열대 기후가 될 것으로 전망된다.

〈그림 16〉에 따르면 2019년 1월부터 7월까지 전체 지표와 해수면 온도는 0.95도(화씨 1.71도)로 1880년 기록을 시작한 이래 2017년이 1월부터 7월까지 두 번째로 높았다. 미국 국립환경정보센터NCEI의 세계 연간 기온 순위 예측에 따르면 2019년은 최대 5년 동안 가장 높을 것이다.

살펴본 바와 같이 미국 항공우주국NASA과 미국 해양대기청은 2010년 이후 가장 뜨거운 5년 동안 지구온난화가 명백했고 점점 더 지구온난화 추세가 나타나고 있음을 분석했다. 그리고 온실가스 배출을 줄이는 것이 최악의 상황을 피하는 가장 중요한 방법이라고 조언했다.[58)] 이는 〈그림 17〉을 보면 자세히 알 수 있다.

기후 과학자들은 또한 엘니뇨현상이 고려되지 않고 있으며, 지구온난화가 인간에 의한 것이라고 생각하면서 기후변화에 대응할 필요가 있다고 강조한다. 기후변화에 대응해야 하는 가장 핵심적인 이유는

57) 기상청 보도자료 (2008), 제48차 IPCC 총회, 성공적으로 마무리하다!: 지구온난화 1.5℃ 특별보고서 요약본(SPM) 최종 승인, 기후정책과, p.12.
58) KEA Brief Issues of Energy, 2018년도 KEA 에너지 이슈 브리핑, 한국에너지공단, p.48.

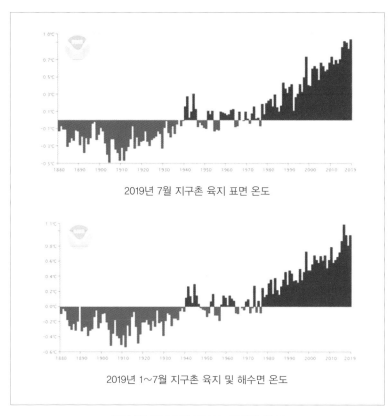

2019년 7월 지구촌 육지 표면 온도

2019년 1∼7월 지구촌 육지 및 해수면 온도

〈그림 16〉 지구 기후 보고서−2019년 7월 59)

생물다양성이 급격히 감소하고 있기 때문이다.

기후변화는 필연적으로 생물다양성의 감소를 가져온다. 이는 자연

59) NOAA (2019), National Centers for Environmental Information, State of the Climate: Global Climate Report for July 2019, published online August 2019, retrieved on October 29, 2019 from https://www.ncdc.noaa.gov/sotc/global/201907

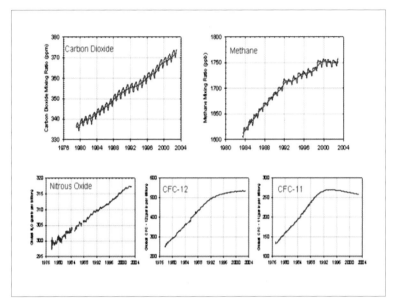

〈그림 17〉 주요 온실가스의 세계적 추세 60) 61)

환경보전에 매우 심각한 위협인 동시에 인류 생존에도 위협이 되는

데, 자연환경보전 위기는 사회적 측면에서 미시적 관점과 거시적 관

점 모두에서 조망되어야 한다. 또한 경제적 측면에서는 경제성장으로

인해 자연환경보전 위기가 과중된 것에 대해 살펴보고, 종교적 측면

과 계몽주의 사조적 측면, 그리고 현상적 측면인 인구 문제까지 다각

60) Vaclav Smil (2003), Energy at the crossroads: global perspectives and uncertainties, 허은
    녕, 김태유, 이수갑 역, 창비, (2008), p.155.
61) KM−studiokmstudio.egloos.com: 온실가스는 지난 수십 년 동안 그 어느 때보다 빠르게 증가
    했다. 온실가스와의 상관관계는 온실가스 증가가 지구온난화의 결과라는 것을 의미한다.

도로 다루어야 한다.

자연환경을 보전한다는 것은 자연환경을 체계적으로 보호해 온전하게 유지하고 잘 간수해 미래세대에게 남겨주기 위해, 그리고 생물의 다양성을 높이기 위해 자연을 조성하고 관리한다는 뜻이다. 따라서 지역적·국가적·국제적 차원에서 자연환경보전의 위협에 효과적으로 대응해야 한다. 그래야 생물다양성이 증가할 것이며 생태계도 보전될 수 있다. 여기서 말하는 생물다양성은 개체 간 변이성을 가리킨다.

즉 생물다양성은 육상과 해상, 그리고 그 밖의 수중생태계와 이들 생태계가 부분을 이루는 복합생태계 등 모든 분야의 생물 개체 간 변이성을 말하는데 종내 다양성, 종간 다양성, 생태계 다양성을 포함해 정의한다.[62] 다시 말해 지구에 서식하는 생물 종species의 다양성과 생물이 어느 지역에 존재하는지를 나타내는 생태계ecosystem의 다양성, 그리고 동종이라도 개체별로 다른 유전자를 가지고 있어 각기 다른 형질을 나타내는 각 생물의 고유 유전자genetic의 다양성을 총체적으

---

62) 생물다양성협약 제2조: 생물다양성은 생태계 다양성(Ecosystem Diversity), 종 다양성(Species Diversity), 유전자 다양성(Genetic Diversity)을 포함하는 생물학적 다양성(Biological Diversity)의 약자다. 생태계 다양성은 사막, 산림, 습지, 산, 호수, 강, 농지의 다양성을 말하며 생태계의 모든 생물과 비생물의 상호작용 다양성을 나타낸다. 종 다양성은 다양한 종의 식물, 동물, 미생물로 이해되는데, 이는 일반적으로 한 영역 안에서 종의 다양성 및 분류학적 다양성을 지칭한다. 유전자 다양성은 한 종 내에서 유전자 변이, 즉 동종 내에서 여러 집단을 의미하거나 한 집단 내에서 개체 간 유전자 변이를 의미한다.

로 지칭해 생물다양성이라고 한다.

생물다양성의 감소는 자연환경보전에 매우 심각한 위협인 동시에 인류 생존에도 위협이 된다. 왜냐하면 생물다양성의 가치가 인류의 생존과 문화, 복지에 큰 영향을 미치기 때문이다. 따라서 생물다양성 가치가 하락하는 다양성의 감소는 인류 사회의 문화와 복지, 더 나아가 인류 생존을 크게 위협하는 요인이 될 수밖에 없다. 인위적인 수중소음이 해양과 연안의 생물다양성에 미치는 영향에 대한 해결책 논의가 이루어지고 있고,[63] 비단 육지뿐 아니라 해양에까지 쏟아져 들어오는 쓰레기가 해양 및 연안의 생물다양성에 악영향을 미치는 현상에 대해서도 심도 깊은 논의가 진행되고 있다.[64]

식탁 위 살인자 '미세플라스틱'

미세플라스틱은 플랑크톤이 흡입해 작은 물고기, 그리고 중간 물고기의 배 속으로 들어간 후 우리 몸 안으로 들어온다. 지금 바다에는 미세플라스틱이 플랑크톤처럼 퍼져 있다. 그 양이 무려 260,000톤에

---

63) 생물다양성협약 당사국총회 제13차 회의(CBD COP13), 워드토피아, 곽명해, 이은실, 김이진, 이주하 역, 환경부 국립생물자원관, p.125.
64) Ibid., p.127.

달하며, 작은 입자의 개수가 51조 개쯤 될 것으로 추정된다. 이런 미세플라스틱은 생태계 먹이사슬을 통해 식탁에 올라와 식탁의 살인자가 되어 우리 몸속에 자리 잡는다.

뉴스에서 본 거북이 콧구멍에 박힌 플라스틱 빨대, 고래 입속에 들어 있는 플라스틱 음료병 등 바다를 뒤덮다시피 한 미세플라스틱이 생선, 굴, 담치, 바지락, 가리비를 통해 우리 식탁에도 올라온다. 그것도 풍성하게 올라온다. 이러한 영향은 결국 인류의 멸종을 예고한다. 생물다양성의 감소, 나아가 종의 상실과 멸종이라는 결과를 예고하며 인류의 재앙으로 다가오고 있다.

인간 생존에 절대적 필요 요소인 의식주는 물론, 각종 의약품과 산업용 산물들은 생물다양성의 구성 요소로부터 공급된다. 그뿐 아니

만능이 된 플라스틱은
진짜 만능인가?
아니면 살인마인가?
플랑크톤, 어린 물고기,
멸치, 고등어, 참치,
그리고 우리 식탁 위로…

라 자연환경은 자정력을 가지고 있기에 자연환경보전에 절대적으로 필요한 주체 요소다. 생물다양성의 가치 중에는 환경오염물질을 흡수하기도 하고, 환경오염물질을 분해해 대기와 물을 정화시키기도 하며, 토양의 비옥도를 유지하게 하고, 기후변화의 위험을 최소화해 적절한 기후 조건을 유지하는 데 결정적 역할을 하는 기능이 있다. 그런데 이러한 생물다양성의 가치가 산업 발달 시대가 깊어질수록 더욱 위협받고 있다. 그 근원을 생물다양성의 감소에서 찾을 수 있다.

자연보호중앙연맹이 가입한 국제자연보전연맹IUCN[65]의 보고서에 따르면 지구에 존재하는 생물종의 기후 지역별 분포율은 한대지역 1~2퍼센트, 온대지역 13~24퍼센트, 열대지역 74~84퍼센트로 추정된다. 열대지역 중에서도 지구 표면적의 7퍼센트 정도인 열대우림에 생물종의 약 반수가 서식하고 있다고 한다. 그런데 열대우림은 대부분 개발도상국에 속해 있다. 현실이 이러하다 보니 열대우림은 해마다 각국의 경제 개발을 위해 훼손되고 파괴되는데 그 속도가 점점 빨

---

[65] 국제자연보전연맹(International Union for Conservation of Nature and Natural Resources: IUCN)은 전 세계 자원 및 자연보호를 위해 유엔의 지원을 받아 1948년 국제기구로 설립되었다. 현재는 국가, 정부 기관 및 비정부기구(NGO)의 연합체 형태로 발전한 세계 최대 규모의 환경단체. 자원과 자연의 관리 및 동식물 멸종 방지를 위한 국가 간 협력 증진을 도모하며, 야생동물과 야생식물의 서식지나 자생지, 또는 학술적 연구 대상이 되는 자연을 보호하기 위해 자연보호 전략을 마련해 회원국에 배포하고 있다. 한국은 1966년 자연환경보전협회가 IUCN에 처음 합류했으며, 2011년 사단법인 자연보호중앙연맹을 비롯해 환경부, 문화재청, 산림청, 제주특별자치도, 국립공원관리공단, 한국야생동물보호협회, 한국습지학회, 대자연 등 10개 기관이 가입해 있다.

라지고 있다. 이에 생물다양성이 1985년까지 매년 0.6퍼센트 정도씩 감소했으며, 이 문제가 심각해지기 시작한 1990년에는 1981년에 비해 1.5~2배로 급격히 줄어들었다. 이러한 추세로 생물다양성의 감소가 지속된다면 인류 생존에 닥칠 큰 위협을 피하기가 쉽지 않다.

이에 각국은 보존·보호 체계를 갖추어나가고 있다. 우리나라 역시 생물다양성 보전과 이용을 위해서는 정확한 현황 파악이 중요하다고 판단해 국립생물자원관에서 2008년부터 '생물자원 통계자료집'을 발간, 배포하고 있다. 현재까지 매년 국내 생물다양성 현황, 법정관리생물 현황, 생물다양성 관련 국제협약, 세계 생물다양성 현황 등의 정보가 수록되었다. 〈표 1〉은 분류 체계에 따른 국내 생물종 수 추이로 2017년까지 통계자료다.

국내 생물종 수의 연도별 추이로 식물계, 균계, 유색식물계, 원생동

구분	2013	2014	2015	2016	2017
동물계	24,511	25,453	26,575	27,468	28,639
식물계	7,331	7,359	7,616	7,688	7,782
유색조 식물계	2,391	2,391	2,788	2,852	2,879
균계	4,153	4,346	4,686	4,840	5,056
원생동물계	1,799	1,799	1,918	2,098	2,243
세균계	1,293	1,401	1,702	2,046	2,417
고세균계	5	7	10	11	11
계	41,483	42,756	45,295	47,003	49,027

(단위: 종)

〈표 1〉 분류 체계에 따른 국내 생물종 수 추이(2013~2017)

물계, 세균계, 고세균계종에 대한 것은 〈그림 18〉에 나타나 있다.

국립생물자원관은 한국의 생물다양성 및 5,827개의 토착 유기체 상태에 대한 포괄적인 통계를 포함하는 '국립 생물다양성 통계자료집 National Biodiversity Statistics Data Sheet'을 발간한다. 이 자료집은 대중을 중심으로 한 정보를 제공하는 정부 혁신 프로젝트에 대한 응답으로 제작되었으며, 2013년부터 매년 '생물다양성 보전 및 이용에 관한 법

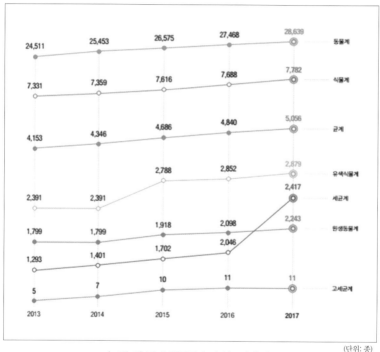

(단위: 종)

〈그림 18〉 국내 생물종 수의 연도별 추이:
식물계, 균계, 유색식물계, 원생동물계, 세균계, 고세균계 66)

률'에 따라 국립생물자원관에서 발간하고 있다.

2018년 12월 31일자 자료집은 자생생물 50,827종에 대해 최초로 과family 수준 분류군의 종 현황을 제시했다. 총 50,827종은 3,841군으로 분류되었으며, 982종은 곤충강 벌채군에 속하는 누에고치군이다. 가장 작은 종은 소나무 바늘에 속하는 소나무 바늘(멸종위기에 처한 야생생물 II로 지정), 곤충강 하루살이목, 방패하루살잇과 등을 포함해 1,800종이다. 곤충을 제외한 무척추동물은 강class급 분류로 제시하고 있다.[67]

〈그림 19〉에서는 국내 생물종 수의 연도별 추이를 볼 수 있는데 포유류, 조류, 양서류, 파충류, 미삭동물류, 어류, 무척추동물류, 곤

(단위: 종)

〈그림 19〉 국내 생물종 수의 연도별 추이: 동물계 [68]

---

66) Biodiversity Statistics of Korea 2017, (2018), 환경부 국립생물자원관 국가생물다양성센터 국립생물자원관장, p.46.

67) http://www.me.go.kr 환경부, 2019. 11. 7.

68) Biodiversity Statistics of Korea 2017, 환경부 국립생물자원관 국가생물다양성센터, 2018, p.48.

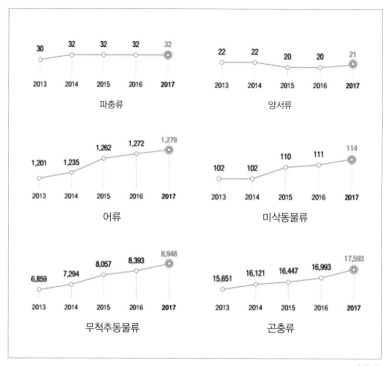

파충류

30   32   32   32   32
2013   2014   2015   2016   2017

양서류

22   22   20   20   21
2013   2014   2015   2016   2017

어류

1,201   1,235   1,262   1,272   1,279
2013   2014   2015   2016   2017

미삭동물류

102   102   110   111   114
2013   2014   2015   2016   2017

무척추동물류

6,859   7,294   8,057   8,393   8,948
2013   2014   2015   2016   2017

곤충류

15,651   16,121   16,447   16,993   17,593
2013   2014   2015   2016   2017

(단위: 종)

〈그림 19〉 국내 생물종 수의 연도별 추이: 동물계

충류의 추이다. 현대 생물 분류 체계는 종species, 속genus, 과family, 목order, 강class, 문phylum, 계kingdom로 되어 있다.

생태계에 무심하다

모든 생물은 그물처럼 연계되어 있다. 하지만 우리는 해양동식물과 해양생태계에 무심하다. 자연환경에서 가장 중요한 개념은 모든 생물이 그물처럼 연계되어 있다는 점이다. 그리고 하나의 생태계 안에 존재하는 유기체들은 먹이사슬을 통해 서로 밀접하게 연관되어 있다.

자연생태계 파괴 현상이 초래됨에 따라 동식물 1,000,000종이 멸종위기에 놓여 있다. 그런데 우리는 그 심각성을 제대로 인지하지 못하고 있다. 자연보호에서 가장 무심코 지나가는 부분 가운데 하나가 바로 해양생태계다.

전체 지구 면적의 71퍼센트가 바다로 이루어져 있기에 우리는 항상 물이 많다고 생각한다. 그리고 바닷속에 해양생물도 풍부할 것이라고 여긴다. 하지만 식수로 사용할 수 있는 물은 지구 전체 물 양의 0.5

휴양지로 몰리는 사람들,
지구의 85퍼센트를
차지하는
해양식물 생태계에는
위협이다.

퍼센트에도 미치지 못한다. 이마저도 오염이 심각한 수준이다. 식물
생태계도 그러하다. 지구상에 존재하는 식물의 약 85퍼센트가 바
다에 서식한다는 점에서 볼 때 해양생태계 보호가 매우 절실한 실
정이다.

　우리는 전 세계에 공급되는 산소의 반이 바다에서 생산된다는 사
실을 알지만 그래도 달라지는 것이 별로 없다. 특히 우리나라는 해양
생물의 산란지이자 생육장인 갯벌의 파괴가 심각하다. 지난 50년간
갯벌의 약 40퍼센트가 사라졌다. 이제는 적극적으로 보호해야 할 때
임에도 현실은 그렇지 못하다. 그 이유는 사람들이 대부분 바다를 좋
아해 바다를 찾고 해양을 탐하기는 하지만, 정작 해양 자연환경에 대
한 책임감은 여전히 부족하기 때문이다.

　최근 들어 해양생물을 포함한 생물종의 다양성에 관한 연구와 지원이 세계적으로 끊이지 않고 있다. 특히 민간 차원의 연구가 실효를 거둘 수 있어 이에 대한 지지가 상당히 유효한 편이다. 최근 지원 사례로는 생물다양성 및 보존 분야의 혁신가 로버트 월리스Robert Wallace의 보전 연구가 있다. 월리스 연구의 특징은 토착민 커뮤니티에서부터 지역, 국가, 국제 및 다국적 그룹에 이르기까지 보호지역의 모든 이해관계에 대한 헌신과 일치한다는 점이다. 이는 그가 생물다양성 보전을 위한 전략, 정책, 관행을 확립하고자 모든 조직과 계속 협력해왔기에 가능했다.[69] 특히 그는 자연환경보전을 위한 지속가능한 개발이 단순히 자연 중심적 관점에 국한되지 않고 넓게 확장된 부분까지 함의하도록 고려하고 있다.[70] 현세대의 발전 방향에서 자연 중심적 관점과 인간 중심적 관점이 상호 보완과 통합을 위해 공존의 세계관을 가져야 하기 때문이다.

현재 우리나라의 최상위 종합계획을 살펴보면 첫째는 생태계, 종, 유전적 다양성, 생물 안전 및 생태계 서비스를 다루는 전략계획이 포함되고, 둘째는 생물다양성을 촉진하기 위한 국가 생물다양성 전략의 내용을 반영하며, 셋째는 사업 시행 계획, 자연환경보전 계획, 야

---

69) IUCN, The World Commission on Protected Areas (WCPA) 자료. https://www.iucn. org/news/protected-areas/201910/dr-robert-wallace-innovator-biodiversity-and-conservation-wins-2019-kenton-miller-award
70) 김희강 (2012), 지속가능한 발전 목표: 논의 대응 및 발전방안 연구, (사)한국정치사상학회, p.34.

생동물 보호 세부 계획, 지역 생물다양성 전략 등 지방자치단체의 이
행 방향이 마련되어 있다.[71]

　우리나라의 자연환경보전지역은 크게 생태계보전지역, 습지보호
지역, 특정도서지역으로 나뉜다. 야생동식물의 서식지 확보와 생물
다양성 증진 등으로 자연환경의 훼손을 막으면서 각종 보호지역 지
정을 확대하고 있는데, 자연환경보전과 관련된 보호지역은 10개 법
에 따라 20개로 구분되며 육상이 12.6퍼센트, 해양이 1.41퍼센트를
차지한다.[72]

　〈표 2〉는 우리나라의 자연환경보전 현황을 나타낸다.[73]

　이런 대응책에도 불구하고 생물다양성은 계속 감소할 것으로 예
측된다. 〈그림 20〉의 기후변화와 생물다양성 감소에서 볼 수 있듯
이, 보호지역에서의 생물다양성 감소는 기후변화에 따른 것으로, 한
반도 연평균 기온은 온실가스 배출을 감축하더라도(RCP4.5) 2100년까
지 2도 이상 상승할 것으로 전망된다. 지금은 제주도와 남해안 일부
만 아열대 기후 특성을 보이지만, 산과 내륙을 제외한 대부분 지역이
아열대 기후로 바뀔 것으로 예측된다. 개화 시기는 지난 30년 동안
6~8일 빨라졌으며, 2050년 식생 분포는 강원도와 일부 높은 산지에

---

71)　제3차 자연환경보전 기본계획 2016~2025, 환경부 자연보전국, 2015, p.5.
72)　Ibid., p.17.
73)　The Third Basic Plan for Conservqtion If Nature 2016~2025, Environment Agency officer, 2015, p.18.

근거법	보호지역		지정 목적	지정 현황
자연환경보전법	생태경관보전지역, 시도 생태경관 보전지역		자연생태계 보전	• 총 32개 소, 약 283.53㎢ 환경부 지정: 9개 소 시도 지정: 23개 소
습지보전법	습지보호지역		습지 보전	• 총 34개 소, 약 344.32㎢ 환경부 지정: 19개 소 해양수산부 지정: 12개 소 시도지사 지정: 3개 소
독도 등 도서지역의 생태계 보전에 관한 특별법	특정 도서		생태계 우수 무인 도서 보전	• 총 219개 소, 약 11.86㎢
자연공원법	자연공원 (국립, 도립, 군립공원)		자연 풍경지 보존 및 적정한 이용 도모	• 78개 소 7968.62㎢ 국립공원: 21개 소 6,656.25㎢ 도립공원: 30개 소 1,094.69㎢ 군립공원: 27개 소 237.68㎢
야생동식물 보호법	야생생물 특별보호구역, 야생생물 보호구역		멸종위기종 보호	• 특별보호구역: 1개 소 26.14㎢ • 보호구역: 376개 소 948.6㎢
문화재보호법	문화재 보호 구역	천연기념물 (천연보호구역), 명승	문화재 보존으로 국민의 문화 향상 도모	• 천연기념물: 205개 소 1,107.72㎢ • 천연보호구역: 11개 소 456.32㎢ • 명승 109개 소 796.75㎢
해양생태계의 보전 및 관리에 관한 법률	해양(생태계) 보호구역		해양생태계 보호	• 10개 소 252.55㎢(해역)
해양환경관리법	환경보전해역		해양환경 보전	• 4개 소 1,882.13㎢ 육지 933.01㎢, 해역 949.12㎢
백두대간 보호에 관한 법률	백두대간보호지역		백두대간 보전	• 1개 소 2,750.77㎢
산림보호법	산림 보호 구역	산림유전자원, 생활환경, 경관, 수원 함양, 재해 방지	산림보호	• 산림유전자원: 631개 소 1499.37㎢ • 생활환경: 0.11㎢ • 경관: 194.12㎢ • 수원 함양: 2,075.52㎢ • 재해 방지: 48.21㎢

〈표 2〉 한국의 자연환경보전 현황

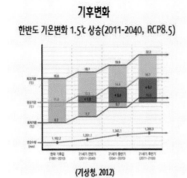

<그림 20> 기후변화와 생물다양성 감소 [74]

국한될 전망이다.

우리나라는 지구온난화가 생물다양성에 미치는 영향이 아직 명확하지 않지만, 지구온난화와 관련 있다고 여겨지는 사례가 많다. 벚나무 개화 시기가 최근 100년 동안 2주가량 빨라졌고, 새의 번식 시기가 앞당겨졌으며, 열대 또는 아열대지역에 서식하는 곤충과 새의 출현도 증가하고 있다. [75]

경제협력개발기구는 기후변화와 인간의 활동으로 2050년까지 전세계 육상생물의 약 10퍼센트가 사라질 것으로 예측했다. 1970년부

74) Ibid., p.18.
75) An, Ji Hong Chi Hong Lim Song Hie Jung A Reum Kim Chang Seok Lee (2016), Seoul: Seoul Women's University, Effects of climate change on biodiversity and measures for them, Journal of Wetlands Research Vol.18, No.4, November 2016, pp.474-480, p.478.

터 2010년까지 약 40년간 전 세계 생물종은 11퍼센트 감소했다. 그리고 생물종의 멸종은 인간 활동이 없을 때에 비해 1,000배 빠르게 진행되고 있다.[76]

인구 증가와 세계 경제 시장의 과도한 성장은 천연자원은 물론, 생태계까지 파괴했다. 우리나라는 경제성장 중심의 토지 개발과 자연자원 남용, 환경오염, 서식지 훼손과 멸종위기 같은 자연환경 파괴의 피해를 겪고 있다. 전 세계적으로 자연환경보전 정책을 수립, 시행하고 있음에도 멈추지 않는 경제 개발에 따른 온실가스 배출 증가, 천연자원 남획, 야생동물 불법 포획 및 이용, 기후변화에 따른 지구온난화 심화, 그리고 이러한 현상들에 의한 생물다양성 감소는 여전히 위기 문제로 대두되고 있다.

이에 국제사회는 자연환경 위기 대응 현안으로 지속가능성을 위한 보존과 이용의 조화를 이루고자 하며, 생태 네트워크 및 생물다양성 보존에 각고의 노력을 기울이고 있다. 즉 도시와 해안에서의 생태 복원 작업과 해양환경보전 등에 대해 논의하면서 대책을 마련하기 위해 최선을 다하고 있다.[77]

우리나라는 자연환경보전을 위한 다양한 변화를 시도했다. 이는

---

76) The Third Basic Plan for Conservqtion If Nature 2016~2025, Environment Agency Officer, 2015. p.18.
77) 이현우 (2014), A Study on the Establishment of Basic Policy for Conservation of Natural Environment, 한국환경정책평가연구원, p.25.

생태계 복원을 통한 적극적인 보전 활동을 모색하는 능동적 패러다임이다. 즉 '자연과 사람의 동반'의 지역 참여형 보전 방향으로, '국토 생태계 보전'의 산·들·강·바다 생태축 보전 방향으로, '자원으로 활용'의 생태계 관광 및 지역 브랜드 활용 방향으로 패러다임을 전환하고 있는 것이다.[78]

또한 자연환경보전과 이용의 관계 정립, 국토와 도시의 공간계획 연계, 도시와 해양의 공간 확장, 지역별 특성을 고려한 추진 전략, 미래적 수요 반영과 위기 반영, 지방자치단체와 지역사회의 연계, 범국민 자연보호운동 전개, 민간단체 지원 강화, 자연환경보전 협력 활성화 등을 민간 차원과 국가 차원에서 추진하고 있다. 여기에 더해 도시환경과 해양환경을 고려한 기후변화 위협에 대한 대응책을 모색 중이며 국제적으로, 국가적으로, 지역적으로, 가족적으로 개연성을 가지고 상호 효과성을 기대하면서 접근하고 있다.[79]

이에 국가와 정부 차원에서 자연환경보전 기본 원칙 3조를 발표하고 자연환경보전 계획을 수립하기에 이르렀다. 여기에는 자연환경이 다음 기본 원칙에 따라 보존되어야 한다고 명시되어 있다. 첫째, 자연환경은 모든 국민의 재산으로 공공의 이익을 위해 보존되며 현재와 미래세대에 지속적으로 가능하게 사용되어야 한다. 둘째, 자연환경보

---

78) Ibid., p.54.
79) Ibid., p.54.

전은 국토의 이용과 조화를 이루어야 한다. 셋째, 인간의 활동, 자연 기능 및 생태순환을 촉진하기 위해 자연생태와 경관을 보존하고 관리해야 한다. 넷째, 모든 시민이 자연환경보전에 참여하고 자연환경을 제대로 이용할 기회가 증진되어야 한다. 다섯째, 자연환경의 개발과 이용은 생태 균형이 파괴되거나 생태 가치가 저하되지 않도록 해야 한다. 자연생태와 자연경관이 파괴되거나 손상되었을 때 또는 훼손되고 침해되었을 때는 최대한 복원과 복구를 위해 노력해야 한다. 여섯째, 자연환경보전을 위해 치러야 하는 부담은 균등하게 공유되어야 하며, 자연환경의 혜택은 지역주민과 이해관계자가 먼저 이용할 수 있도록 해야 한다. 일곱째, 자연환경보전과 자연환경의 지속가능한 사용을 위한 국제 협력이 촉진되어야 한다. 이에 국가 차원에서 환경부 주관하에 자원순환 정책을 구체적으로 펼치고 있다.[80]

'자원순환'이란 산업사회 체계에서 천연자원의 투입을 최소화하고 폐기물 발생을 억제하며 발생된 폐기물을 재활용, 재사용, 재제조하는 등의 방법으로 다시 이용함으로써 자원의 이용 가치를 극대화하고 환경에 대한 짐을 최소화하는 자연환경 친화적인 자원 이용 구조를 말한다.

현대 경제사회 시스템은 대량과 대규모를 바탕으로 한다. 생산하고

---

80) 환경부 (2019), 친환경에너지타운 조성사업 업무매뉴얼, p.8.

소비하고 폐기하는 시스템이 모두 대량으로 이루어진다. 하지만 대량 생산, 대량 유통, 대량 소비, 대량 폐기 시스템으로는 자연환경보전의 위기를 극복하는 데 한계가 있다. 이에 생산부터 소비에 이르기까지 전 과정에서 폐기물 발생을 억제하고, 부득이 발생되는 폐기물 중 순환이 가능한 자원을 분류한 뒤 경제 자원제로 재활용해 천연자원 대체용으로 사용함으로써 천연자원 사용을 최소화하는 자원순환 시스템으로 산업사회 체계를 전환하는 작업이 시급한 실정이다. 우리나라는 재활용이 가능한 자원의 매립을 제도화하고, 자원과 에너지가 선순환하는 자원순환사회의 조기 실현을 추구하는 것을 핵심 국정과제로 삼고 있다.

이를 위해 모든 국민이 해야 할 우선 과제는 분리수거일 것이다. 자원순환사회로의 첫걸음은 곧 제대로 된 분리수거에서 시작되기 때문이다. 여기서 말하는 '자원순환사회'란 사회구성원으로서 일상생활이나 산업 활동에서 함께 노력해 폐기물 발생을 최대한 억제하고, 이미 발생된 폐기물은 최대한 물질적으로 또는 에너지로 순환이용함으로써 천연자원 사용을 최소화하는 사회를 지칭한다.

그렇다면 '순환이용'이란 무엇을 말하는 것일까? 순환이용은 폐기물의 수집, 분리, 선별, 파쇄, 압축, 추출 등 환경부령으로 정한 활동으로, 폐기물을 에너지법[81] 제2조 1호에 따라 일부 또는 전체를 회수하거나 회수할 수 있는 상태로 만드는 활동을 말한다. 이러한 산업을 자원순환산업이라고 하며, 우리나라는 이를 통해 자연환경보전의 영역을 넓혀나가고 있다.

---

81) 에너지법, 대한민국법제처, [시행 2019. 8. 20.] [법률 제16478호, 2019. 8. 20. 일부개정]

한계를 넘은 경제성장

한계를 넘는 경제성장 패러다임은 자연환경오염을 부추긴다. 현재 심각한 자연환경 문제의 원인은 필요 이상의 자연환경 이용과 사회 전반에 퍼져 있는 한계를 넘는 성장 패러다임이라고 할 수 있다. 따라서 자연환경보전 문제는 인류 사회적 관점에서 들여다봐야 한다. 자연환경보전 문제는 사회 형성 당시부터 시작되었기 때문이다.

생물다양성의 감소, 생태계 파괴를 이대로 둘 순 없다. 지구 곳곳에서 발생하는 기후변화와 환경오염, 서식지 파괴 등으로 생물다양성이 줄어들고 생태계가 파괴되는 것을 지켜보기만 한다면 인류 생존에도 위협이 될 것이 분명하다. 아무리 강조해도 지나치지 않은 것이 자연환경보전인데, 이는 자연이 인간의 삶의 터전이자 안식처이기 때문이다. 그러나 현재 자연환경은 자원 고갈과 환경오염이라는 문제를 겪고 있다.

자연환경 문제는 우리의 삶을 둘러싼 사회 문제 가운데 하나다. 사회 문제 관점에서 자연환경보전에 대해 말해보자면, 자연환경 문제는 인간 사회가 생겨나면서 형성된 우리의 가치관이나 세계관과 관련된 문제다. 특히 인류는 거시적 관점에서의 문제와 미시적 관점에서의 문제들을 경험해왔다. 시대가 전개되면서 오랫동안 지적되어온 문제가 있는가 하면, 최근 들어서야 그 심각성을 깨달은 문제도 있다. 자연환경보전 문제가 바로 그러하다.

자연환경보전 문제는 인류의 거시적 관점과 미시적 관점 모두에 속한다. 왜냐하면 그것은 인간 생존 가능성의 기반에 대한 문제이기 때문이다. 이에 자연환경보전 문제는 전 세계적으로 시급한 해결 방안

극심한 가뭄과 화재는
숲과 초원을 파괴한다.

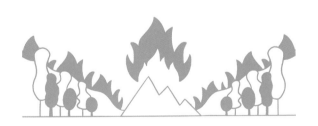

이 요구된다. 다시 말해 자연환경 훼손은 거시적 관점과 미시적 관점 둘 다에서 문제로 부각되고 있는 것이다.

사실 자연환경보전 문제는 자연환경 훼손 문제, 자연환경 파괴 문제, 자연환경 위기 문제로 인간에게 오래전부터 주어져왔다. 홍수, 가뭄, 지진, 산사태 같은 자연재해로 우리는 해마다 수많은 인명피해를 겪고 있다. 그러나 이는 천재지변, 즉 자연적 현상이지만 지금 현실 문제로 부각된 자연환경보전의 위기는 인간이 만들어낸 인류의 문제라고 봐야 한다. 그리고 현재 자연환경보전은 과거 어느 때보다 엄청나게 어렵고 심각한 사회 문제로 대두되고 있다. 이러한 사회 문제는 원인 면에서 경제적 측면과 복합성을 이루고, 때로는 상충된 이론에 갇히기도 한다.

앞에서 언급한 것처럼 사회 문제 측면에서 본 자연환경보전 문제의 원인은 경제적 측면과 상호작용 관계로 연결되어 있다. 자연환경보전 문제가 사회 문제로 중요시된 시기는 급속한 경제성장의 후유증이 나타난 1970년대부터였다. 기업인들과 경제학자들이 경제성장과 과학에 대한 비판의 일환으로 1972년 발표한 책《성장의 한계The Limits to Growth》로마클럽보고서[82]에서는 자연환경보전의 심각성이 인류의 사회 문제로 공식화되었다. 이 보고서에 균형에 관한 주장이 강하게

---

82) Donella H. Meadows, Jorgen Randers, & Dennis Meadows (2004), The Limits to Growth: The 30 Year Global Update, Chelsea Green Publishing Company, p.67.

나오면서 인간의 자연 훼손에 따른 지구의 위기 문제와 전반적인 자연환경보전에 대한 관심이 확산되었다. 석유자원 고갈, 기후변화로 인한 지구온난화, 식량 부족 등 지구에서 일어나는 상황들을 보면 이견이 있기도 하지만 로마클럽보고서를 눈여겨볼 만하다.

자연환경보전 문제는 무한한 성장 발전이 가능하다고 믿었던 인류에게 사회적 위기를 현실적으로 보여주고 있다. 그리고 그것은 경제성장 추구 원리로 인해 빚어진 위기다. 우리는 경제성장이 자연 착취의 산물이라는 점을 인식해야 한다. 이러한 인식은 이제 인류의 성장보다 시급하다. 인류 생존을 위협하는 현대의 패러다임은 합법성을 잃고 있으며, 자연과 인류를 위한 새로운 패러다임으로의 전환이 절실히 필요한 시점이다.

현대와 같은 성장 위주의 소비사회는 더 많은 물질적 소비를 위한 경제성장을 추구할 것이고, 이러한 현대적 추구는 자연환경 파괴와 직결된다. 자본주의가 용인되는 현 사회는 이윤을 추구하는 확대 재생산을 우선시하기 때문에 경제성장을 선호하지 않는 자연환경보전은 결코 고려 대상이 아니다. 이렇게 볼 때 경제성장은 자연 파괴를 통해 이루어지는 것임을 알 수 있다.

현대 사회의 거침없는 자본주의적 진보는 인간의 절제심을 무너뜨리고 인간을 품은 자연은 손상을 입으면서도 묵묵黙黙할 수밖에 없다. 이러한 악순환의 논리는 심화되어 자연을 더욱 파괴시켜나간다.

인간의 편의를 향한 욕구는 생필품이 끝없이 공급되기를 요구하고, 경제 주체들은 여기에서 절대적 진리로 공급자가 된다. 그리고 그것에서 비롯된 파생용품들, 예를 들어 일회용품이나 편의성 제품에 대한 수요는 끝이 없으며, 이것이 다른 한편에서 인간의 풍요와 편리함을 보장하기에 영속성을 가지게 되고, 결국 거대 생산 체제를 이루게 한다. 이러한 반복 과정에서 자연은 계속 손상을 입고 훼손되며 파괴되고, 자연에 대한 착취는 날로 심각해진다.

자연환경보호 활동의 결과물을 보면 지속적인 경제성장과 소비사회 추구로 자연환경이 파괴되고 훼손될 경우 이후 복구 과정이 그것을 따라가지 못한다는 것을 충분히 확인할 수 있다. 더 많은 편의성 소비를 위한 경제성장은 자연환경 파괴와 직결된다. 심지어 자연환경은 경제 발전에서 고려해야 할 한 부분이 아닌, 불필요한 요소로 간주되기도 한다. 이렇게 볼 때 경제성장을 계속해서 지향한다면 앞으로도 자연환경 착취는 막을 수 없다는 예측이 가능하다. 이러한 현상, 즉 전 지구적인 소비사회 추구는 자연환경 파괴를 더욱 가속화할 수밖에 없다. 인간 편의를 위한 물품의 수요는 끝이 없을 테고, 이것은 다시 대량 생산 체제의 영속성을 가능하게 할 것이다. 이러한 경제성장 추구 사회는 자연자원을 계속해서 낭비할 것이며, 자연 착취로 인해 자연환경은 더욱 파괴되고 훼손될 것이다.

자연환경 문제도 나비 효과

아마존에서 빈번히 발생하는 화재를 두고 자연 과학자들은 자연환경오염 현상이 '나비 효과'처럼 확산될 것이라고 경고한다. 자연, 환경, 인간, 사회가 지구 안에서 서로 깊숙이 연관되어 있기에 이 경고를 우리는 간과해서는 안 된다. 명백한 대상을 기준 삼아 구체적으로 접근해야 한다.

자연환경보전 문제를 현상적으로 바라볼 때 세 가지 측면을 고려할 필요가 있다. 종교적 측면, 사조적 측면, 인구적 측면이 바로 그것이다.

먼저 종교적 측면에서 살펴보면, 서구사회는 기독교적 세계관으로 이루어진 사회다. 그러다 보니 기독교적 세계관인 성서의 이원화 논리에 따라 자연환경의 위기가 발생했다고 할 수 있다. 기독교의 성서는 이원론으로 자연과 인간을 분리시켰으나 자연을 대상으로 인간이 때로는 신격화되기도 한다. 이원론을 권위적으로 해석할 경우 인간은 주체가 되고 자연은 종속체로 정립될 뿐 아니라, 인간이 무차별적으로 자연환경을 이용하고 남용하고 오용하면서 스스로 그것을 용납하게 된다. 그리고 이것을 신의 뜻으로 이해한다. 이를 근거로 기독교적 가치관을 가진 서구인은 대부분 합리성을 통해 과학기술을 발전시키고 경제적 부를 쌓아가게 된다. 이 과정에서 인간의 자연 착취는 당연시되었고 그로 인해 자연이 파괴, 훼손되었다.

이와 같은 기독교적 편향성에 미국 역사학자 린 타운센드 화이트 주니어Lynn Townsend White Jr.도 동의하면서 세계 자연환경 위기의 원인이 종교적이므로 그것에 대한 대안도 종교적이어야 한다고 주장했다. 특히 서방 기독교는 가장 인간 중심적이다. 고대 이교주의나 아시아 종교와 달리 기독교는 인간과 자연의 이원론을 지지하면서 인간이 자신의 목적으로 자연을 남용하는 것이 하나님의 뜻이라고 주장한다.[83] 기독교뿐 아니라 종교적 관점에서 자연은 늘 인간의 종속품처럼 이해되곤 했다. 화이트는 성서가 기독교의 인간 중심주의를 명백히 나타내고 있다고 생각했고, 이러한 인간 중심적 사고가 현대가 경험하고 있는 자연 위기의 원인이라고 주장했다.

그러나 반론도 상당히 많다. 대표적으로 많은 역사학자가 과학과 기술이 기독교적 가치관에 기원을 두고 있지 않다고 주장한다. 역사를 연구하는 그들은 현대 과학의 기원을 고전적인 희랍 문화로 거슬러 올라가 찾으면서 기독교와 과학은 종종 상충 관계에 있었다고 주장한다.[84] 신학자들 역시 창조 기사와 거기에 내재된 성서적 자연관에 대한 화이트의 견해가 왜곡되었다고 주장한다. 그들은 창조 기사

---

83) "The Historical Roots of our Ecological crisis", in Francis Schaeffer's Pollution and the Death of Man, 1977, p.107.
84) R. A. Simkins (1994), Creator & Creation, p.6.

를 통해 성서가 이야기하고자 한 바를 화이트가 잘못 해석했으며 성서의 본질을 그 자체의 역사적 맥락에 따라 읽지 못하고 있다고 비판했다.[85)]

다음은 사조적 측면으로 계몽주의에서 들여다보고자 한다. 계몽주의자에게 인간의 합리성과 논리성은 자연의 질서와 원리를 파악해낼 수 있는 훌륭한 도구였으며, 자연은 인간에게 극복 대상이었다. 이러한 사조에 기초한 과학과 기술의 거대한 발전은 합리적으로 풍요한 부를 가져다줄 수 있는 급속한 경제성장을 뒷받침했으며, 이 과정에서 생긴 자연 손상, 자연 착취, 자연 파괴는 당연한 결과였다. 자연 파괴를 불러오는 신기술 발전에 반대해 미국 생물학자 배리 코모너Barry Commoner는 생태친화적인 적정기술appropriate technology을 내세우기도 했으며, 영국 경제학자 에른스트 프리드리히 슈마허E. F. Schumacher는 책《작은 것이 아름답다Small Is Beautiful》에서 작은 공동체만이 이러한 기술의 적용으로 자연 파괴를 막고 위기를 극복할 수 있다고 말했다. 중간기술론의 내용을 담고 있는《작은 것이 아름답다》는 자연환경보전론들자에게 경전과도 같은 책이다.

마지막으로 인구적 측면에서 보면, 인구 과잉은 자연환경 문제를 야기한다. 인구 이동도 자연환경 문제를 불러일으킨다. 우리나라와

---

85) Ibid., pp.4-7.

인구 증가만큼,
인구 이동만큼
자연은 훼손된다.

같이 혁신적으로 경제가 발전한 나라에서는 특히 농촌에서 도시로의 인구 이동이 심각한 환경오염 문제를 가져온다. 인구적 측면에서만 보면 여러 예측이 우리나라의 인구가 급속히 감소할 것으로 전망한다. 그러나 지구 전체적으로는 인구 증가가 계속되고 있고, 우리나라도 도시로 집중되는 인구 이동 때문에 생기는 자연환경 문제가 점점 더 심각해지고 있다.

자연환경 훼손은 인류 역사가 시작되면서부터 생겨난 오래된 문제다. 인간은 자연과 공생 관계이므로 인구가 증가하는 만큼 자연이 훼손된다고 볼 수 있다. 이에 1968년 《인구 폭탄The Population Bomb》 이라는 책을 출간해 인구 과잉에 따른 자원 고갈과 환경 파괴를 강도 높게 비판한 미국 생물학자 폴 에를리히Paul R. Ehrlich는 자연환경 훼손을 막으려면 인구 성장을 줄여야 한다고 주장했다.[86] 그러나 이러한 주장은 인구 증가율이 낮아진 오늘도 여전히 자연환경이 훼손되고 있기에 큰 의미를 둘 필요는 없다고 본다.

환경위기는 생물학적·사회적 약자에게 먼저 피해를 준다

현재 우리나라에 분포하고 있는 생물은 2017년 기준으로 총 49,027종이며, 이 중 한반도 고유종은 2,314종으로 4.72퍼센트를 차지한다. 멸종위기종은 267종이다.[87] 그런데 급속한 경제 개발은 역의 상관관계 측면에서 자연환경보전의 위기다.

자연환경보전 위기는 생물학적·사회적 약자에게 먼저 피해를 주는데, 20세기 후반 급격한 자연 훼손과 파괴로 생태계가 심각하게 붕괴되면서 자연환경보전에 대한 논의가 심도 있게 전개되기 시작했다. 유럽과 우리나라의 예를 살펴보자.

자연환경보전 위기는 궁극적으로는 인류 모두에게 동일하지만 사슬처럼 연결되어 서로 관련이 있고, 시간적이고 상황적일 수도 있어

---

86) Paul R. Ehrlich and Anne H. Ehrlich (2008), The Dominant Animal Human Evolution and the Environment, CA: Island Press, p.34, p.140.
87) 지구에서 살아가는 생물은 국제자연보전연맹(IUCN)이 추정한 종 수에 근거하면 1,736,546종이다. 지구에 존재할 것으로 추정되는 종 수는 2,118,297종이다. Biodiversity Statistics of Korea 2017, 환경부 국립생물자원관 국가생물다양성센터 국립생물자원관장, 2018, p.22.

동시에 똑같이 나타나는 것은 아니다. 즉 자연환경보전 위기의 피해는 연쇄적이고 시간적이며 상황적으로 나타날 수 있기에 생물학적 약자에게, 그리고 사회적 약자에게 우선적으로 영향을 미치는 경향이 있다.

동식물로 예를 들면, 어느 특정 지역이 파괴되면 그 피해는 생태 원리인 먹이사슬에 따라 식물이나 먹이 연쇄의 아래에 있는 동물에게서 먼저 발생한다. 일본의 미나마타병[88]을 보면 수은이 물고기 체내에서 유기수은으로 변해 그것을 먹은 고양이나 갈매기에게 피해를 입혔다. 그럼 인간에게는 어떠할까? 영국 런던의 대기오염에서 살펴볼 수 있는데, 인간에게까지 확산될 경우 생물학적으로 약자인 노인이나 어린아이, 병약한 사람이 우선 피해를 당하는 것으로 알려졌다.

자연환경보전 위기에서 이어지는 공해 관련 피해는 사회계층과도 관계가 있다. 빈곤층은 자연환경 파괴가 심해져도 공기청정기를 가질 수 없고 정수기도 마련할 수 없다. 그만큼 부유층보다 피해를 더 많이 받을 수밖에 없는 것이다. 이렇게 보면 자연환경보전 활동가가 빈곤층에서 많이 나와야 할 것 같은데, 자연환경보전 의식은 직접 피해를 당한 사람을 제외하고는 대부분 중상류층이 더 높은 것으로 나타났다.

---

88) 일본 구마모토현 미나마타시에서 발생한 수은에 의한 공해병, 또는 이와 유사한 공해병.

현대와 같은 체계화된 자연환경보전은 1948년 국제자연보전연맹을 발족하면서 시작되었다. 이때부터 국제적으로 서로 연계하며 황폐화된 자연환경을 가꾸고 보존하기 위한 노력을 기울여왔다.

하지만 자연환경보전은 인류와 함께 시작되었을 것이다. 인류 역사상 최대 관심은 '역사의 끝자락에도 이 지구상에 인류가 살아남을 것인가, 멸종할 것인가?' 하는 점이다. 이 질문의 답은 간단하다. 두 가지 답밖에는 없기 때문이다. '인류가 종말을 맞이할 수도 있고, 살아남을 수도 있다'는 것이다. 그래서 어찌 보면 이것은 피상적인 질문일 수 있다. 이보다 더 특별한 관심을 끄는 질문이 있다. 바로 '인류의 생존을 가능케 하는 자연환경은 어떻게 될까?' 하는 것이다. 자연환경은 인류의 영속에 절대적으로 필요한 생존의 근원이기 때문이다. 그렇기에 이 질문은 인류 역사가 진행되면서 꾸준히 제기되어온 것이자, 현대에 이르러서는 전 지구적 물음이 되고 있다.

자연환경보전의 역사를 살펴보기 전에 먼저 자연환경보호의 역사부터 알아보자. 자연환경보호는 자연의 급격한 훼손을 체감하기 시작한 20세기 후반부터 활발히 전개되었다. 20세기 후반에 이르러 급격한 인구 증가와 성장 지향의 경제 발전은 대규모 자원 개발과 자연환경의 훼손을 초래했다. 이로 인해 아름다운 지구의 자연환경은 망가졌으며 귀중한 자연생태계는 무분별하게 파괴되었다.

우리나라도 다르지 않았다. 전쟁을 겪어 빈곤에 허덕이던 우리나라는 국토를 개발하는 것이 곧 국력이 되는 정책을 펼쳤다. 구국을 향해가던 이러한 정책들은 국민에게 경제적 부를 가져다주고 선진국에 근접하게 하는 등 많은 유익을 안겨주었다. 그러나 경제성장 정책은 자연 파괴와 훼손이라는 자연환경의 위기를 몰고 오고 말았다. 이에 국토 개발과 자연생태계의 체계적인 보전을 위한 정책 이행 등에 심혈을 기울이기 시작했다. 많은 연구과제는 자연환경을 보전하고 자연환경의 지속가능한 이용을 위해 국가적 차원에서 자연환경보전 정책의 방향도 수립했다.

유럽은 자연환경보전을 위한 대처 방안을 공동체적으로 마련했다. 유럽연합 각국은 스웨덴 예테보리에서 2001년부터 2010년까지 생물다양성을 보존하기 위한 공동체적 합의를 이끌어냈다. 유럽의 이러한 공동 네트워크가 의미 있는 이유는 환경 문제는 그 특성상 어느 한 국가만 노력한다고 해서 해결되는 것이 아니기 때문이다. 국지적으로 발생한 환경 문제라 해도 그 영향은 광범위하게 파급된다. 그래서 환경 문제는 특정 국가, 특정 지역, 개인의 노력만으로는 해결되지 않는다. 이러한 자연환경보전 문제에 대해 유럽은 공동체적으로 논의하고 대처하고 있는 것이다.

유럽연합 27개국은 자연환경보전을 위해 유럽의회에 모여 회의를 했다. 그리고 자연환경을 보전해야 한다고 결의한 각국은 가장 취약한 생물종과 생태서식지를 보호·보존해야 한다는 필요성에 입각해 유럽연합의 생물종 보존 구역인 '나투라 2000 Natura 2000'을 만들기에 이르렀다.

　유럽이 자연환경보전에 위협을 느끼게 된 원인을 살펴보면 첫째, 생태계의 서식지가 감소했다. 도시지역 확대에 기인한 무분별한 국토 개발과 도로 건설 같은 기반시설의 확충은 생물 서식지의 환경과 직접적인 관련성을 갖는 것으로, 서식지가 훼손되자 생물 개체수도 감소했다. 둘째, 유럽 내 습지와 모래언덕인 사구가 줄어들었다. 가치가 높은 유럽지역 습지의 반 이상이 국토 개간사업으로 메마른 땅이 되고 말았다. 스페인, 이탈리아, 프랑스의 75퍼센트에 달하는 사구는 수많은 여행객에 의해 자취를 감추었다. 셋째, 기후변화가 나타났다. 최근 기후변화 문제는 생물다양성을 위협하고 있을 뿐 아니라, 인간의 삶 자체에도 위협이 되고 있다.

　유럽이 시행하는 자연환경보전의 특징은 인간을 고려한 자연보호라는 점이다. 때때로 자연환경보전을 위해 인간을 배제하기도 하지만, '나투라 2000'은 인간을 배제해야 한다는 통념을 넘어 인간과 함께하는 접근을 시도하고 있다. 그래서 '나투라 2000'은 인간을 자연의 한 부분이라고 생각해 자연과 인간의 상호작용을 중요시한다. 이처럼 유럽에서 진행하고 있는 인간과 자연의 상호 공존 활동은 지속가능한 환경을 조성하는 하나의 핵이 되었다.

　우리나라는 1963년 전까지는 자연환경보전에 큰 관심이 없었다. 한

피해는 약자들에게
가장 먼저 돌아간다.

국자연환경보전협회가 설립된 1963년 이후부터 자연환경보전에 관심을 가지게 되었다. 우리나라는 1950년대 이후 전쟁으로 피폐해진 나라를 세우고자 고도성장을 국가 정책으로 삼았으며, 이에 따라 산업화가 가속화되었다. 이 과정에서 동식물의 생태서식지가 파괴되었고, 환경이 오염된 지역이 확대되기에 이르렀으며, 자연환경 훼손으로 생물다양성이 감소되는 추세가 전 국민적 고심거리가 되었다. 더욱이 국민의 소득 수준 향상과 함께 높아진 편의 위주의 생활은 자연환경보전에 대한 위기감을 더욱 고조시킬 것으로 예상된다.

인구에 비해 국토가 좁은 우리나라는 생물다양성이 중요한 경제 자원으로 인식됨에 따라 자연환경보전의 필요성이 더욱 강조되고 있다. 게다가 해마다 봄이 되면 우리나라를 찾아오는 반갑지 않은 손님으로 인해 자연환경보전 대책이 시급한 실정이다. 봄철이면 황사가 우리를 힘들게 한다. 중국에서 시작되는 황사는 중국 본토에만 국한되는 것이 아니라, 우리나라와 인근 국가들에서도 큰 환경 문제가 되고 있다.

정리하자면, 18세기를 거쳐 19세기에 이르기까지 산업혁명의 전 세계적 확산은 인구의 급속한 증가를 불러왔고, 도시화와 산업화는 인간과 자연의 균형 잡힌 공존 체계를 빠른 속도로 와해해가고 있다. 이러한 인간의 활동에서 초래된 자연환경 훼손은 1960년대 이후 급속한 경제 개발과 산업화, 도시화를 겪은 우리나라에서 더욱 두드러지게 나타나는 현상이다. 더욱이 우리나라는 한정된 부존 자연환경을 경제적 자원으로 개발하고 이용해야 하는 대상으로 인식해왔다. 그 결과 자연자원의 감소와 고갈, 그리고 생태계 단절이 초래되었다. 이에 대한 대응 방안으로 지속적인 경제성장에 필요한 개발 사업을 자연환경보전과 국토 이용이라는 두 축으로 조화롭고 균형 있게 조정, 관리해야 한다는 지적이 나오고 있다.

자연환경보전에는 한계가 있을 수 없다

자연환경보전은 개인주의, 경제 우선주의에 의해 한계를 드러낸다. 자연환경보전 활동에는 자연 파괴에 따른 자연보호운동, 예를 들어 유럽의 '녹색운동Green Movement'이 있었으나 경제적·개인주의적 패러다임으로 인해 활동에 한계가 있었다.

인류 사회에는 늘 문제가 존재한다. 과거의 문제도 있고 새로운 문제도 있다. 일시적인 문제도 있으며 장기적인 문제도 있다. 인류 사회의 많은 문제 가운데 점점 심각해지는 것이 있다. 바로 자연환경보전 문제다. 자연환경보전 문제는 인류의 생존과 관련 있으며, 전 세계적으로 해결책이 절실하다. 하지만 자연환경을 바라보고 추구하는 바가 각기 다르고 인류 삶의 질을 향상시키고자 하는 가치관도 제각각 다르기에 자연환경보전이 한계에 봉착하는 것도 사실이다.

실제로 자연환경보전 문제와 자연환경보전 위기는 오랫동안 존재해왔다. 홍수, 가뭄, 지진, 산사태 같은 자연재해로 매년 지구상에서 수많은 생명이 사라지고 있다. 그뿐 아니다. 인공적이고 인위적인 행동에 의해 발생되는 문제도 매우 심각한 수준이다. 자연재해는 문자 그대로 자연 현상이지만, 인간 사회 앞에 닥친 자연환경보전 위기는 인류가 만든 문제로 그 심각성이 날로 더해지고 있으며, 대안과 대책도 쉽지 않은 실정이다.

이에 유럽의 많은 국가가 1970년대 이후 '녹색운동'이라는 환경운동을 시작했는데, 이것은 일반적으로 5단계로 이루어진다. 첫 번째는 환경 문제에 대한 관심을 높이는 것이다. 두 번째는 환경 문제의 영향을 받는 지역에 거주하는 사람들의 움직임으로, 이는 종종 일시적이

자연환경을 보전하면서
경제성장도 이루는 것이
시대적 과제다.

Economy

Earth

고 제한된 모습을 보인다. 세 번째는 지역 영구 환경운동 그룹이 만들어지는 것이고, 네 번째는 전문 환경운동가들이 국가 동맹을 형성하기 위해 노력하는 것이다. 마지막 다섯 번째는 환경운동 세력이 녹색당 같은 정당을 구성해 정치 과정에 참여하는 것이다.

그러나 자연환경 위기의 심각성에 비해 현재 환경운동은 미약하게 진행되고 있다. 아마도 개인이 해결할 수 없다는 광범위한 무력감이 그 이유일 것이다. 또한 환경처럼 가치가 없다고 여겨지는 것에 집착하면 무한 경쟁 시대에서 살아남을 수 없다는 잘못된 관념 때문일 수도 있다. 이는 자연환경보전 운동에 큰 위협이 되고 있다. 경제 패러다임의 세계에서 자연환경보전 운동은 일부 직접적인 피해자 보상 운동 같은 낭만적인 행동이나 이기적인 행동으로 간주되기도 하고, 야생동물 통로 등 자연환경보전 활동은 낭비적 행동으로 여겨지기도 한다. 이러한 점에서 볼 때 아직도 자연환경보전에 대한 인식이나 활동은 경제성장 및 소비 지향에 더해 집단화와 획일화, 무의미한 도덕이나 질서를 거부하고 개인 편의가 우선인 포스트모더니즘 인식 구조 하에서 한계에 부딪히고 있다.

인공적인 한계와 미래의 한계로부터 자연환경보전의 한계를 추론해보자. 우리나라와 가까운 원시림으로는 베트남 북부의 깟바 국립공원Cát Bà National Park이 있다. 자연환경을 보호하기 위해 1986년 국립공원으로 지정된 깟바 국립공원에는 다양한 포유류와 식물, 조류가 서식하고 있다.[89] 하지만 국립공원으로 지정되었음에도 시간이 흐를수록 보전에 필요한 에너지보다 훼손에 사용되는 에너지가 월등히 많아 몇몇 생물종이 멸종위기를 맞고 있다. 그 예로 깟바 국립공원은 흰머리랑구르(영장목 긴꼬리원숭잇과의 포유류)의 서식지인데 날이 갈수록 늘어나는 관광객으로 인해 자연이 훼손, 파괴되고 있다. 이곳을 찾는 관광객들은 주로 전통 의학의 수요를 위해, 그리고 그것을 개발하기 위해 무차별적으로 벌채를 일삼는다. 그 결과 생물들이 멸종위기를 맞았는데 특히 2,600마리이던 흰머리랑구르가 2003년에는 40마리로 감소해 멸종위기에 놓였다.[90] 이처럼 자연환경보전과 관련한 중요한 문제로는 처녀림에서 불법 벌목, 불법 남획과 어획 등을 들 수 있다.

자연환경보전을 위한 국제적인 노력은 자연 자체를 고려해 실용적

89) Nguyen Phien Ngung, & Bo-Myeong Woo, Ecosystem and Biodiversity of Cat Ba National Park and Halong Bay in Vietnam, Conservation of Nature and Environment in Cat Ba National Park, Annals of Nature Conservation, KNCCN, Vol.12, p.381.
90) Ibid., p.384.

흰머리랑구르가
멸종위기에 처해 있다.

이고 적극적이다. 반면 우리나라는 여전히 인간 중심의 자연환경보전이 앞서 있다. 즉 자연환경보전 시스템에서 파괴 및 피해에 대한 복구는 인간 중심으로 이루어지고 있고 인간의 삶, 건강, 재산에 대한 대책이 우선시된다. 자연 자체에 비중을 두지 않는 것이다.

우리나라는 아시아 대륙의 북동쪽에 위치해 있다. 한반도는 남쪽 방향으로 길게 뻗어 있으며 3,200여 개 도서로 구성되어 있고, 전체 면적은 약 220,847제곱킬로미터다. 그중 남한은 약 100,000제곱킬로미터로 전체의 45퍼센트를 차지한다. 국토의 삼면은 바다로 둘러싸여 있으며, 65.4퍼센트가 숲이다. 한반도에는 인간 간섭이 미치지 않는 처녀림과 자연 식생이 토지 면적에 비해 무척 다양할 뿐 아니라 자연 경관도 아름다워 예부터 금수강산으로 불렸다. 그러나 산업화와 고도성장 지향 정책으로 인해 아름다운 금수강산을 미래세대에게 유산으로 물려주기 어려운 위기를 맞고 있다.

정치·경제·사회문화적 발전 측면에서 우리나라는 경제협력개발기구의 어느 회원국보다 선진국의 모습을 갖춘 문화국가다. 하지만 현재 산, 하천, 습지 등 자연생태계와 야생동식물 같은 자연자산의 중요성과 관련해서는 국민적 인식이 아직 낮고, 정부의 관리 수준도 노력 단계에 있어 생태계 악화는 물론, 자연자산의 가치가 하락하고 있다. 지금까지 국가 정책은 국토 개발과 경제성장에 치중되어왔으며, 생태계 균형 유지에 중요한 갯벌과 내륙 습지가 무분별하게 매립되었다. 자연생태계의 무분별한 이용과 서식지의 단편화로 수많은 야생동식물이 멸종되고 있어 생태계 균형이 깨지고 있는 실정이다. 최근에는 자연재해도 심상치 않다. 생활공간과 생태계의 격리 현상도 심각하다.

그럼에도 여전히 자연환경보전에 대한 요구보다 자연환경은 이용되고 개발되어야 한다는 시각이 지배적이다. 자연환경은 그 자체로 자원이자 자산이라는 '자연자원 가치'를 인정하는 것이 아니라, 인간을 주체로 삼아 자연을 인간 편의를 위한 재료나 개발의 부속물로 여긴다. 즉 국가 발전과 인간 편의에 대한 지배적 수요가 우선시되고 있으며, 그 수요를 채우기 위해서는 자연환경보전에 대한 접목성이 그만큼 줄어들 수밖에 없다. 이런 상황에서 멈출 수 있는 예측은 없고, 국토의 사용과 개발에 대한 수요만 지속될 것이다.

이처럼 우리나라는 지속적인 토지 개발로 도시지역이 증가할 것으

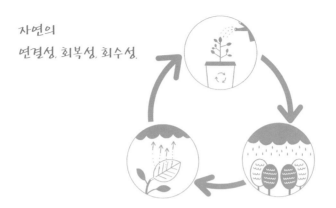

자연의
연결성, 회복성, 회수성.

로 예상되며 이는 녹지 감소, 생태계 피해 및 교란, 자연경관 훼손, 생물다양성 감소, 조석 감소에 의한 해양생물의 피해로 이어질 것이다. 한편으로는 계획된 토지 개발을 기반으로 한 친환경 토지 이용 관리에 대한 수요가 증가하고 정부의 적극적인 대응책이 강화될 것으로 예상됨에 따라 빈번한 개발에 따른 자연환경 피해 우려가 줄어들 것으로 보인다. 하지만 자연환경 피해의 심각성에 대한 인식을 새롭게 함으로써 미래적 구상에 심혈을 기울여야 하는 것도 사실이다.

이에 자연환경보전을 위해 자연의 연결성, 회복성, 회수성을 유지하고 증진시키고자 하는 노력이 자원순환 정책과 함께 이루어지고 있다. 이것과 발맞춰 자연환경 파괴적인 현 상황에서 자연과 인간이 공존할 수 있는 새로운 자연환경보전 패러다임이 제시되고 있다.

뚜렷한 사계절과 좁은 국토에서 지구온난화에 따른 기후변화는 한반도의 생물다양성 변화로 이어질 것으로 보인다. 즉 미래에 우리나라는 아열대기후가 될 것이고, 대표적인 식물종인 소나무가 점차 줄어들면서 분포 범위가 확연히 감소해 소나무 재선충이나 외래 병해충의 피해가 확산될 것이다. 농작물 피해가 증가할 것으로 예상되는 이유이기도 하다. 또한 자연자원 남용, 밀렵, 생태계 교란종 및 유전자변형생물체LMO[91]로 인한 생물다양성 감소와 생물다양성 피해도 예상된다. 이에 국가적 차원에서 환경부는 미래의 문제를 사전 예방하기 위해 법과 규정을 제정하고, 자연환경 전망에 근거해 문제를 해결하고자 관련 계획과 정책을 수립하고 있다. 자연환경보전을 위해 자연의 연결성, 회복성, 회수성을 유지하고 증진시키려는 노력으로 자원순환 정책을 수립하고 민간 차원에서의 접근도 이루어지고 있다.

이것에 더해 효과를 더욱 높일 수 있는 자연환경보전의 새 패러다임을 제시한다면, 바로 자연환경이 원래 가지고 있는 자생 능력 증진과 자연환경이 내재하고 있는 자연환경 가치의 회복이다. 자연환경이 가진 자연환경 자율성autonomy과 유능성competence, 관계성relatedness

---

91) 유전자변형생물체(Living modified organisms: LMO)란 '자연 생리학적 증식 및 재조합 또는 전통적인 번식 및 선택에 사용되지 않는 현대 생명공학을 이용해 새로 결합된 유전자 물질을 함유하는 유기체'를 말한다. '유전자변형생물체의 국가 간 이동 등에 관한 법률'(제115.36호)의 정의 [1]에 따라 다음과 같은 방식으로 만들어진 생물체를 의미한다.
① 기술을 이용해 유전자를 인공적으로 재조합하거나 유전자를 구성하는 핵산을 세포 또는 세포 내 소기관에 직접 주입.
② 자연 생리적 증식 또는 재조합이 아닌, 전통적인 짝짓기 또는 선택에 사용되지 않는 기술을 활용해 분류학 범위를 넘어서는 세포 융합.

인간의 자연환경 파괴로 동물들이
멸종위기에 놓여 있다.

HELP

에 새 패러다임의 기대 효과를 거는 것이다.

일단 이러한 가치관과 실천 의지가 마련된다면 이에 바탕을 둔 새로운 체제의 패러다임을 모색해볼 수 있다. 앞에서 이미 언급한 바와 같이, 현재 전 지구적으로 확대되고 있는 자연환경보전 위기 문제는 자연과 인간이 공존할 수 있는 상호 보완적인 메타meta적 측면에서 해결할 수밖에 없다.

물론 반대로 생각할 수도 있다. 우리나라의 자연환경 생태계가 아직 한계 상황에 도달하지 않았다거나 무제한의 잠재적 사용 가치를 지니고 있다면 문제 될 것이 없다. 그러나 이미 살펴본 바와 같이 자연환경 생태계는 멸종을 맞이한 종이 상당수이고, 멸종을 막아낼 한계치 상황을 넘어섰을 뿐 아니라, 아직 파국적 결과가 나타나지 않은 것이 오히려 이상하게 여겨질 만한 상황에서 무차별적 훼손과 파괴가 여전히 일어나고 있으며, 오염물질에 의한 대기 위협은 파국으로 치닫고 있다. 이러한 상황들은 인간을 제외한 몇몇 종의 멸종만을 의미하는 것이 아니다. 바로 인류 자체의 자멸을 예견하는 일일 수 있다. 많은 동물이 멸종위기에 놓여 있다. 자연적으로 도태되는 종도 있지만, 대부분 인간의 자연환경 파괴로 인한 결과다.

이런 예측을 바탕으로 인위적 손상에 해당하는 인간 활동을 조금 더 구체적으로 살펴보면, 인간의 일상적인 활동으로 발생한 오염물질에 의해 대기, 수질, 토양이 오염되고 있는데, 이는 생태계를 파괴하고 생물다양성과 생물자원을 감소시키는 역할을 한다.

〈그림 21-1〉과 〈그림 21-2〉는 멸종위기 야생생물 통계와 분포로 우리나라의 생물 멸종위기 상황을 나타내고 있다.

생물다양성과 생물자원의 감소 현상은 한정적이거나 특정 지역에 국한된 것이 아니라, 국가와 국가 간에도 영향을 미치기 때문에 모든 인류와 전 세계의 문제라고 할 수 있다. 그렇다고 건강한 자연환경을 위해 삶의 질을 떨어뜨릴 수는 없는 일이다.

분명한 것은 자연환경보전과 경제성장의 조화, 다시 말해 자연환경을 보전하면서 경제성장도 이루는 것이 지금의 시대적 과제다. 그럼에도 불구하고 인간과 자연은 공존 세계관에서 상호 교류적이라기보다 상호 의존적 또는 일방적이고 때로는 침투적이다.

자연환경이 당면한 위기 상황에 대한 이해는 부분적이거나 국가적 차원이 대부분이고, 편의주의적 일상을 즐기는 현대인에게는 불편한 일이 되고 만다. 더구나 일회용품 사용이 삶의 질을 높인다고 생각하는 젊은 층의 편의주의적 발상은 유기체적 가치 추구에 관심을 둘 수

시도별 통계										
구분	포유류	조류	파충류	양서류	어류	곤충류	무척추동물	육상식물	해조류	고등균류	합계
서울	0	3	0	3	0	1	0	0	0	0	7
부산	0	14	0	2	0	0	0	6	0	0	22
대구	0	0	0	2	1	0	0	2	0	0	5
대전	0	1	1	0	2	0	0	0	0	0	4
광주	2	1	0	0	1	1	0	2	0	0	7
인천	1	21	2	2	0	5	2	3	0	0	36
울산	0	0	0	0	1	0	0	3	0	0	4
세종	0	1	0	2	0	0	0	0	0	0	3
경기	2	25	1	3	6	4	1	13	1	1	56
강원	9	16	2	2	12	6	1	33	0	1	83
충북	2	4	0	3	7	3	1	14	0	0	34
충남	2	29	1	3	8	3	4	6	0	0	56
경북	5	3	1	0	9	6	2	20	0	0	46
경남	4	14	2	2	7	3	6	17	0	0	55
전북	3	23	0	2	8	1	4	16	0	0	57
전남	5	30	2	0	7	4	11	20	0	0	79
제주	0	18	1	1	0	4	17	29	1	0	71
전국	10	52	4	3	25	18	27	76	2	1	218

(단위: 종)

〈그림 21-1〉 멸종위기 야생생물 통계와 분포 [92]

92) Biodiversity Statistics of Korea 2017, 환경부 국립생물자원관 국가생물다양성센터 국립생물자원관장, 2018, p.54.

시도별 분포 종 수

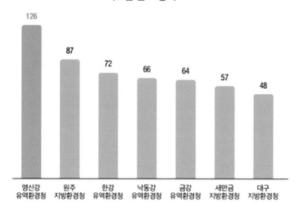

관할청별 분포 종 수(총 218종)

〈그림 21-2〉 멸종위기 야생생물 통계와 분포 [93]

---

93) Ibid., p.55.

174 자연이 살아야 우리가 산다

없게 만든다. 또한 소비 지향적 구조를 통해 경제 기득권을 유지하고 싶은 국가 또는 계층은 온갖 정교한 수단을 동원해 편의적 이용물을 개발하고 수용할 수밖에 없게 한다. 이를 해체하고 변화를 모색할 체제들은 구조적으로 개혁 가능성이 그리 커 보이지 않는다. 그러나 인류의 장기 생존을 위해서는 불가피하게 극복해야 하며, 이를 가능하게 하는 유일한 방법은 자연환경보전의 유기적 가치에 대한 일반화와 이 일반화에 기초한 대안 체제를 찾는 것이다.

새로운 대안 체제가 실현된다면 지금보다 훨씬 더 안정적으로 인간과 자연의 공존이 가능해지리라는 점은 명백하다. 그리고 새로운 대안 체제인 유기체적 가치 추구는 인간의 인식 변화와 노력이 절대적으로 필요한데, 인류가 자연환경 생태계를 보존하고 복원해나가기 위해서는 필연적으로 오염물질을 줄여야 하고, 오염물질은 바로 인간의 편의주의에서 오는 것이기 때문이다.

그렇다면 이제는 대안 체제가 구체적으로 어떠한 형태로 인류의 삶에서 실천되고 자연스럽게 자리매김할지에 대해 논의해야 한다. 그리고 현재 자연보호운동가들이 벌이고 있는 자연보호운동은 더는 훼손을 복원하는 차원에 머무는 것이 아니라, 자연환경의 기본적 가치이자 내재가치인 유기체적 가치를 인정하고 활용하는 범위에서 최대한 자연환경 생태계를 보존하고 복원하는 구체적인 방식을 마련하는 일이 되어야 한다.

4장
자연과 인간을 위한
새로운 비전

우리는 답을 해야 한다

　21세기, 미래를 위한 자연환경 비전은 어떠해야 하는가? 불어 닥친 자연환경 위기를 극복하기 위해 추구해야 할 가치는 무엇인가? 이에 우리는 답해야 한다. 이용 가치만 보고 자연을 도구로 삼아서는 안 된다고 말해야 한다. 생명의 원천이 자연이라는 가치관을 가져야 한다.

　자연과 인간을 위한 새로운 비전은 미래세대도 현세대와 동일하게, 우리와 같은 정도로 안락하고 쾌적한 자연환경의 혜택을 누려야 한다는 것에서 출발해야 한다. 이러한 자연환경 비전이 현실적으로 달성되기 위해서는 사회 전반에 걸친 포괄적이고 종합적인 개혁이 필요하다.

　우리는 자연환경 문제를 위기로 인식하지만, 경제 개발 우선 정책과 개인의 일상에서 지속되는 편의주의로 인해 오래된 자연환경 위기 문제들을 충분히 해결하지 못하고 있다. 그러나 우리는 이제 자연과 인간은 공존 관계라는 것을 충분히 알게 되었고, 자연은 스스로 자정할 수 있으며, 서로 유기적으로 동태적 활동을 한다는 것을 깨닫게 되었다. 그뿐 아니라, 자연환경 위기와 인류 멸종의 위기가 서로 얽혀 있다는 점에도 주목하게 되었다.

의학의 발달과 생활수준의 향상으로 감염병은 본질적으로 사라졌거나, 약소국 또는 빈곤 국가에서만 발생하는 것으로 여겨졌다. 그러나 최근 메르스MERS(중동호흡기증후군), 신종 코로나바이러스 감염증(코로나19) 같은 감염병이 전 세계를 위험에 빠뜨렸다. 이러한 사태는 여전히 자연환경오염이 갈수록 심각해지고 있다는 방증이기도 하다.

인간과 자연의 공존 관계에서 볼 때 인간의 간섭은 같은 변수로 부정적인 영향을 미칠 수 있고, 인간의 양보는 같은 변수로 긍정적인 영향을 나타낼 수 있다. 따라서 이제는 방향을 바꿔 자연을 이용할 때는 양보를 택해야 하고, 자연을 보호하고 보전할 때는 간섭을 택해야 한다.

자연환경보전을 위해 지구적으로, 국가적으로, 법제적으로, 정책적으로 심혈을 기울이고 있다. 그러나 미래에도 지속되어야 할 자연환경보전에 대해 밝은 전망만 할 수는 없다. 이에 학계 간, 지역 간, 기관 간 상호 교류 차원의 긴밀한 접근이 필요하며, 그 과정에서 새로운

건강한 미래 사회를 만들기 위해서는
자연과 인간 사회의
새로운 공존·공생 관계를
형성하는 것이 목표여야 한다.

패러다임을 모색해야 한다.

그렇다면 지금보다 근접한 접촉점을 찾아야 하는데, '어떻게 할 것인가?'에 대한 답은 바로 우리의 일상에 있다. 일상에서 자연보호운동이 자연스럽게 일어나야 한다는 뜻이다. 쓰레기가 올레길에 흐트러져 있는 상황에서 '쓰레기 줍기'라는 모토 아래 한국자연보호연맹이 설립된 것처럼 이제 자연환경보전도 일상에서 답을 찾아야 한다. 일상에서 훼손과 파괴가 일어나고 있는 만큼 일상에서 그것에 대한 해답을 찾는 것이 원칙이다.

훼손되고 파괴된 상태에서 자연을 보호하고 가꾸는 일보다 일상생활에서 자연보호운동이 먼저 일어나야 한다. 예를 들어 셔츠 하나를 구입해도 멋을 살리기 위한 플라스틱 핀과 제품의 품위를 높이기 위한 과도한 쇼핑백 등은 일상에서 멋과 편의를 위해 재고조차 하지 않은 채 사용되고 버려지는 물건들이다. 따라서 자연보호운동은 이렇게 개인의 일상에서 시작될 때 미래의 새로운 패러다임이 실천될 수 있을 것이다.

〈표 3〉은 자연보호중앙연맹에서 시도하고 있는 대표적인 활동이다.

결의사항	• 우리는 플라스틱 없는 세상을 결의한다. • 우리는 일회용품 사용 안 하기 운동을 결의한다. • 우리는 기후변화에 대처하는 운동을 결의한다. • 우리는 자연보호보전운동을 결의한다. • 우리는 범국민 생활 실천 문화운동을 결의한다.
실천사항	• 우리는 비닐봉지를 사용하지 않는다. • 우리는 장바구니를 사용한다. • 우리는 머그컵을 사용한다. • 우리는 일회용품을 사용하지 않는다. • 우리는 플라스틱 제품을 사용하지 않는다.

〈표 3〉 60만 자연보호중앙연맹 회원의 결의사항과 실천사항

자연보호중앙연맹은 인류의 미래를 위협하는 플라스틱과의 전쟁을 선포했다. 그리고 환경부 정책에 부응해 60만 회원을 대표해서 플라스틱 없는 세상을 위한 범국민 생활 실천 문화운동을 대대적으로 전개할 것을 다짐하는 결의대회를 개최했다.

자연보호중앙연맹은 1977년 대통령의 특별 지시를 받아 같은 해 내

제41주년 자연보호헌장 선포 기념식

2019년 기후변화 대처 세미나

외국인 학생을 위한 울릉도, 독도 자연생태탐방

무부 사단법인 제1호로 창설되었다.[94] 2018년 1월 기준 17개의 광역시
도 협의회와 192개의 시군구 협의회로 구성되어 있으며, 하위 지역으
로 3,785개 읍면동 협의회에 60만 명의 회원이 활동하고 있다.[95] 자연
환경보호는 일반 시민의 참여로 이루어질 때 실효성이 크다.

그렇다고 국가 정책이 도외시되어서는 안 된다. 국가 차원에서도 고군분투하고 있다. 즉 지리적 환경과 매년 상승하는 기온, 인구의 고령화와 도시 집중 현상으로 인한 자연 파괴를 막기 위해 국가 차원의 연계와 자연보호지역 지정·관리 및 법률 제정에 앞장서고 있다. 우리나라는 현재 자연환경보전을 크게, 자연환경보호지역 지정·관리를 통해 자연환경 우수지역 보전을 펼치는 것과 생물다양성 보전 및 자연생태계 유지, 그리고 이를 뒷받침하기 위한 정보망 구축과 자연환경 조사 등 자연환경보전 기반 구축으로 구분하고 있다. 자연환경보호지역은 △첫째, 환경부 장관이 관장하는 영역 △둘째, 국토교통부 장관이 관장하는 영역 △셋째, 산림청장이 관장하는 영역 △넷째, 문화

---

94) 내무부, 자연보호백서, (1979) (1980), http://www.archives.go.kr Next〉 Search〉 List Subject Description, 행정안전부 국가기록원.
　①자연보호국민운동은 1977년 9월 5일 당시 박정희 대통령이 경상북도 금오산도립공원을 방문해 각종 쓰레기가 자연환경을 오염시키고 있는 것을 보고 범국민적 자연보호운동 전개의 필요성을 강조하면서 시작되었다.
　② 자연보호국민운동 전개 근거는 1977년 9월 10일 정부월례경제동향 대통령 보고 시 대통령특별지시다.
　③ 자연보호국민운동 전개의 성과: 자연보호국민운동의 가장 큰 성과는 바로 자연보호헌장 제정이다. 내무부에서 1978년 7월 5일 학계, 언론계, 문화계 등 각계 전문가 100명을 위촉해 자연보호헌장제정위원회를 구성했고, 제정위원 가운데 11명을 다시 헌장심의위원으로 위촉해 6차례에 걸친 수정 작업을 거쳐 초안을 작성한 다음, 3차례의 심의위원회를 열어 헌장제정위원회와 자연보호위원회의 의결을 거쳐 1978년 10월 5일 자연보호헌장을 공포·시행하게 되었다. 이후 도의 꽃·새·나무를 지정해 특별 보호관리하도록 했으며, 식품제조업자들을 자연보호운동에 참여하도록 지도해 식품 포장지나 용기에 반드시 자연보호 계도문을 포함시키게 했다. 책임구역 정화 활동, 안 버리기 범국민 운동, 비닐류 폐기품 수집 운동, 계절별 자연보호 활동 등 다양한 자연보호운동이 전개되는 계기가 되었다.
95) http://www.knccn.org/default

재청장이 관장하는 영역이 있다.

환경부 장관이 관장하는 영역에는 생태경관보전지역, 자연공원, 백두대간보호지역, 내륙습지보호지역, 특정도서 야생동식물특별보호구역이 있다. 국토교통부 장관은 연안습지보호지역, 수산생물보호수면을 관장하고, 산림청장은 산림유전자원보호림을 관장하며, 문화재청장은 천연보호구역 및 명승지를 관장하고 있다. 또한 자연생태계 유지 및 생물다양성 보전의 경우 환경부 장관은 멸종위기종 등 야생생물 보호업무를, 산림청장은 산림보호·육성업무를, 문화재청장은 천연기념물 지정관리업무를 관장한다.[96]

우리나라의 자연환경조사와 관련된 법률은 1997년 제정된 '자연환경보전법'이다. 독일과 일본은 우리보다 앞서 자연환경보전법을 제정해 국가 자연생태계 조사를 수행해오고 있다. 이 조사 자료들은 자연환경에 미칠 영향들을 예측하고 분석해 자연환경 훼손을 줄일 수 있는 방안에 대한 기초자료로 활용되고 있다.[97] 이러한 작업들은 정책적 전략 수립에 충분한 기반을 제시할 수 있다.

96) Biodiversity Center of Japan (2013), Federal Agency for Nature Conservation, p.13.
97) BKing et al., 2012/Journal of Environmental Impact Assessment. Volume 22 Issue 6. pp.725-738. 2013. 1225-7184(pISSN) Korean Society of Environmental Impact Assessment p.1; Chang-Hoe Kim, Jong-Hyun Kang, & Myungjin Kim, Status and Development of National Ecosystem Survey in Korea, Nature Conservation Research Division, National Institute of Environmental Research (Manuscript received 2 October 2013; accepted 23 October 2013).

미국 지구정책연구소의 레스터 브라운 소장은 인류 생활양식의 변화, 신문지 재활용, 전등 교체 같은 접근보다 본질적인 제시로 전략을 수립하고자 한다. 즉 세계 경제의 개조를 원하며 적극적으로 정치에 참여하는 것과 필요한 변화를 위해 온힘을 다하는 것을 강조하고 있다.[98] 그는 자연환경 위기의 대안으로 '플랜 B'를 제시하는데, 자연환경 파괴의 원인이 된 현세대의 흐름을 '플랜 A', 회복하고 복원하는 생태경제학을 '플랜 B'라고 한 것이다. 플랜 B는 대기 가운데 퍼진 이산화탄소 농도의 상승을 막고, 세계 식량 안전을 확보하며, 파괴되고 훼손된 국가의 수를 줄이는 긴급한 과제로 이루어져 있다. 브라운이 주장하는 대표적 전략에는 △첫째, 에너지 효율 혁명과 재생에너지원을 통한 기후 안정화 △둘째, 생태도시 계획 △셋째, 빈곤 퇴치와 인구 안정 △넷째, 지구 자원 보호 등이 있다. 이 전략들은 이미 수행되었는데, 이는 곧 플랜 B가 실행 가능한 대안임을 입증한 광범위한 예다.[99] 결국 국가와 민간 차원의 새로운 패러다임 모색이 현 시대의 대안이 되어야 한다. 그리고 더 나아가 이것이 범화되기 위해서는 민간과 개인이 일상에서 적극적으로 자연보호를 생활화해야 한다.

98) Lester Brown (2009), Plan B 4.0: Mobilizing to Save Civilization, 이종욱 역, 도요새, (2011), p.377.
99) Ibid., pp.13–15.

한국의 기후변화가 위험하다

자연환경과 기후를 보면 지구온난화는 인간 생활의 일부가 되었다. 그리고 전 세계적으로 기후는 계속 변화할 것으로 예측되고 있다. 기후변화 요인은 자연적 요인과 인위적 요인으로 구분할 수 있는데, 인간의 개입이 가능한 부분은 인위적 요인이다. 태양의 운동, 지구의 회전축 기울기, 지구 궤도의 변화, 천문학적 변화, 화산 활동 같은 자연 활동은 자연적 요인인데, 이러한 요인은 예측은 가능하지만 인간이 제어할 수 없는 부분이다. 그러나 인간 활동에 의해 발생하는 인위적 요인은 통제가 가능하다. 인간 활동이 대부분 에너지 사용과 관련되어 있기에 그렇다. 특히 우리나라와 같이 에너지 사용량이 지나치게 높은 국가일수록 통제하고 관리할 수 있는 영역 또한 많다고 볼 수 있다.

연구 보고에 따르면 우리나라 국민의 인당 에너지 사용량은 선진국보다 높다. 일본, 독일, 영국, 프랑스, 이탈리아, 덴마크 등 선진국이 우리보다 앞서 에너지 절약 정책을 펼친 데 비해 우리나라는 아직 에너지 절약 정책에 돌입하지 못하고 있다.[100]

'기후변화에 관한 국제 정부 간 협의체 IPCC'는 1988년 유엔 산하 세

---

100) 김정욱 (2008), 기후변화에 대처하자, 쓰레기 없는 세상을 위하여, (사)자연보호중앙연맹, p.26.

계기상기구WMO와 유엔환경계획UNEP에 의해 설립되었다. 1989년에 주어진 업무는 인간 활동으로 인한 기후변화 위험을 평가하는 것이었다. IPCC는 연구를 수행하거나 기상 관측을 하는 조직이 아니다. 이 협의체의 주요 임무는 유엔기후변화협약UNFCCC 이행에 관한 보고서를 발간하는 것인데, 국제에너지기구IEA의 2002년 통계에 따르면 연간 이산화탄소 배출량은 2000년 기준으로 할 때 우리나라는 세계에서 아홉 번째로, 세계 전체 배출량의 1.8퍼센트를 차지하는 것으로 나타났다. 배출량 규모나 지구온난화의 영향을 감안한다면 좀 더 적극적인 대응이 요구된다.[101]

IPCC는 2001년 제3차 보고서에서 약 120년간 지구의 평균 기온이 0.6도 상승할 것이라는 과학적 근거를 내놓았다.[102] 제4차 보고서에서는 지구온난화에 대한 명백한 사실 확인은 물론, 갈수록 변화가 큰 폭으로 진행될 것이라는 예측과 함께 그 주요 원인이 인간 활동에서 기인한다고 밝혔다.[103] 또한 제4차 보고서는 기후 자체의 변화에 의한 지구온난화보다 인류의 인위적 행위에 의한 온난화의 심각성에 대해서도 발표했다. 이를 다시 정리해보면 지구온난화는 분명한 사실이고, 전 세계적으로 예측되어왔으며, 20세기 중반 이후 인류가 배출한

101) 김경렬 (2008), 지구환경의 이해, 지유아카데미, pp.420-423.
102) Ibid., p.424.
103) Ibid., p.425.

온실가스의 축적에 기인한다는 것이다.

온실가스 배출량이 안정적으로 변하더라도 해수면 상승과 지구온난화는 계속될 전망이지만, 희망적인 부분은 기온 및 해수면 상승이 화석연료 사용 정도에 따라 달라질 수 있다는 것이다. 기후변화 자체는 지구온난화를 유발할 가능성이 5퍼센트 미만으로 큰 영향을 미치지 못하지만, 인간이 일상생활에서 방출하는 인위적 이산화탄소는 1000년 이상 지구온난화와 해수면 상승에 영향을 미치기 때문이다.

연구의 공간적 범위인 우리나라의 상황을 보자. 지구온난화는 환경과 인간 생활에 직접적인 영향을 미치는데, 우리나라에서도 다양한 징후가 관찰되고 있고, 온실가스 배출 증가율은 경제협력개발기구 회원국보다 높아지고 있다. 구체적으로 보면 미국, 인도, 일본, 중국, 한국 가운데 중국 다음으로 한국이 심각하다.[104] 이에 우리나라도 적극적인 개입이 필요한 시기에 이르렀다.

우리나라는 2008년 기후변화 대응에 대한 비전 설정 당시 새로운 패러다임을 제시했다. 저탄소 녹색성장을 비전으로 설정하면서 기후변화도 성장동력이 된다고 밝히며, 온실가스를 감소시키고 환경오염을 줄여 지속가능한 성장을 이루자는 정책적 대안을 제시한 것이다.[105]

---

104) 석현호, 박경숙, 장지연, 강상진 (2008), 한국사회과학자료원, Korean Social Trends, 통계개발원, p.45.
105) 노종환 (2014), An Inconvenient Story about UNFCCC, 한울아카데미, p.79.

한국 기상청이 발표한 '2015 기후변화 평가보고서(2014)'의 기후변화에 대한 과학적 기후 관측 결과를 보면 기온이 상승하고 해수면이 점차 증가하고 있다는 것을 알 수 있다. 우리나라의 연평균 기온은 1954년 이후 10년 주기로 0.23도, 0.41도, 2001년부터 2010년까지 0.5도 상승했다. 한반도 해양 수온 및 해수면 상승 정도는 세계 평균인 해양 수온 0.85도, 해수면 1.4밀리미터와 비교해 2~3배 높은 것으로 나타났다.

이는 기후변화 위험을 평가할 수 있는 근거로, 육상생태계와 담수 생태계, 해양 종 다수의 지리적 범위 및 계절에 따른 자연생태계 등의 활동과 자연생태계의 이주 패턴, 자연생태계의 개체수, 생태계 종의 상호작용에도 변화를 일으킬 수 있다. 기후변화의 위험 측면에서 볼 때 기후변화 속도와 크기, 변이 등에 따라 생태계에 미치는 위험도가 달라지며, 부적절한 토지 이용과 남획, 오염, 외래종의 침입 등과 상호작용해 그 위험도는 더욱 커질 것으로 예상된다.

우리나라의 자연지리 및 기후를 살펴보자. 국립해양조사원의 2014년 조사에 따르면 우리나라의 해안선 길이는 14,963킬로미터로, 서·남해안은 해안선이 복잡하고 섬이 많으며 수심이 얕아 갯벌이 발달했다. 또한 중위도 온대성 기후대에 속해 사계절이 뚜렷하고 겨울에는 춥고 강수량이 적으며, 여름에는 덥고 습하면서 계절성 강우로 집중호우와 태풍, 장마가 이어진다. 계절별 평균 기온은 봄 11.7도, 여름

23.6도, 가을 14.1도, 겨울 0.6도이고 연평균 기온은 12.5도다. 계절별 강수량은 봄 236.6밀리미터, 여름 723.2밀리미터, 가을 259.7밀리미터, 겨울 88.5밀리미터이며, 연간 수량은 1,307.7밀리미터다. 조사 결과에 따르면, 우리나라도 기후변화에 따른 위험이 심각한 것으로 예견되고 있다. 기후변화의 영향이 날로 가중되고 있는 만큼, 기후변화로 인한 위험을 전망하고 위험지역을 분석함으로써 향후 미래에 다가올 자연환경 피해와 훼손을 최소화하는 방안을 도출해야 하며, 국가 차원에서 적응적 정책을 마련하는 등 미래 패러다임을 모색해야 한다. 이것은 초기에 기후변화에 대응할 경우 관련 위험을 적절히 관리할 수 있음을 시사한다.

기후변화 위험 관리를 위해 자연환경보전에 대한 발전적 연구가 진행될 수 있도록 국가 차원에서 환경, 사회, 경제 변수들과의 상호작용을 종합적으로 검토할 필요가 있다. 민간 차원에서도 심각성을 인지하고 지속적으로 연구가 이루어진다면 기후변화 재난에 대한 적절한 대응책이 도출될 것이다.

앞에서 살펴본 바와 같이, 기후변화는 계속해서 나타나고 있다. 기후변화 과학자이자 영국 에든버러대학교 교수인 데이브 리Dave Reay 는 지구온난화는 온실가스 때문인데, 대부분 인간의 활동에서 빚어진다고 했다. 인간의 활동 가운데 자동차나 비행기 같은 교통수단이 46퍼센트, 에너지가 소모되는 가정 내 생활가전이 36퍼센트, 식량 소비 및 생산, 운반 등이 12퍼센트, 쓰레기가 매립지에서 부패되는 과정에서 배출되는 메탄이 6퍼센트를 차지한다고 발표했다.[106]

전 지구적 기후변화 시대에 우리나라도 예외일 수 없다. 연구 범위에 들어가는 우리나라 역시 국제 네트워크 체계를 활용할 필요가 있다. 앞으로 직면할 수 있는 위기 상황에는 환경 위기, 자원 위기, 식량 위기, 경제 위기, 인구 위기 등이 있는데 이들의 위기 체계를 기후환경 전망 국제 네트워크 체계와 결합하지 않으면 기후변화에 따른 위험을 효과적으로 대처해나갈 수 없기 때문이다. 결합 방식은 월드 모델 관점에서 재구성한 모델이 필요할 것이고, 이를 토대로 효율적인 방안을 구축해야 할 것이다.[107] 이에 발맞춰 선택한 '저탄소 녹색성장'[108]은 우리나라 실정에 맞는 산업화를 이루어낼 것이다.

106) Dave Reay (2007), Climate Change Begins at Home (Hardcover) Life on the Two-way Street of Global Warming, PALGRAVE MACMILLAN, 이한중 역 (2007), 바다출판사, p.44.
107) D. H. Meadows & et al. (1972), The Limit to Growth. New York: Universe Book. Medows, D. L. & et al. (1974), The Dynamics of Growth in a Finite World. Cambridge: Wright-Allen Press. Donella N. Meadows, Dennis Meadows, and Jorgen Randers (1992), Beyond the Limit, Global Collapse or a Sustainable Future, London: Earthscan Publications Limited, Donella N. Meadows, Jorgen Randers, & Dennis Meadows (2004).
108) 저탄소 녹색성장은 온실가스를 적정 수준 이하로 낮추고, 에너지와 자원을 절약하며, 효율적으로 기후변화와 환경 피해를 줄이고, 청정에너지와 녹색 기술의 연구개발을 통해 새로운 성장동력을 확보하는, 환경과 조화를 이루는 경제성장을 의미한다. 화석연료 수입에 대한 의존도가 높아 자원 위기에 직면한 우리나라는 미래 국가 경쟁력의 핵심으로 부상하고 있는 환경 및 경제성장을 촉진하는 정책으로 이것을 시행하고 있다. 노종환 (2014), An inconvenient story about UNFCCC, 한울아카데미, p.191.

인구 변화도 자연환경 위협 요소다

2019년 6월 말 기준 우리나라의 총인구는 51,801,000여 명이며 여자가 25,940,000여 명, 남자가 25,861,000여 명이다. 세대수는 21,825여 세대로 세대당 인구는 2.3명이며, 인구밀도로 살펴보면 2019년 현재 제곱킬로미터당 515명으로 2000년 464명에서 약 10퍼센트 증가했다. 인구 성장이 둔화하고 고령화 현상이 지속될 전망인데, 2019년 합계출산율은 0.918명이었다.

젊은 세대의 이촌향도離村向都 현상과 노령인구의 귀농귀촌歸農歸村 현상이 증가하면서 농촌 마을의 인구 감소 및 고령화는 더욱 심화할 것으로 예측된다. 2018년 농가인구는 2,314,982명으로 집계됐고, 이는 2017년 2,422,256명에 비해 4.4퍼센트 줄어든 수치다. 고령화의 심화를 보면 2016년 전체 농가인구 중 65세 이상은 1,034,718명이었다.

이에 따라 고령화율은 2017년 42.5퍼센트보다 2.2퍼센트포인트 높은 44.7퍼센트를 기록했다. 이 비율은 2018년 처음으로 40퍼센트를 넘어섰다. 국가 전체의 고령화율이 15퍼센트라는 점을 감안하면 농촌의 고령화 수준이 얼마나 심각한지 짐작할 수 있다. 70세 이상도 마찬가지다. 2018년 농가인구 중 70세 이상은 744,933명이나 되었다. 이는 2017년 730,256명과 견주어 2퍼센트나 증가한 수치다.

우리나라 국민의 92퍼센트가 도시에 살고 있으며, 도시지역은 전체 토지 면적의 17퍼센트를 차지하고 있다. 한국토지주택공사LH와 국토교통부가 발행한 '2018 도시계획 현황 통계'에 따르면 '국토의 계획 및 이용에 관한 법률'에 따라 사용 지역으로 지정된 총 토지 면적은 106,286제곱킬로미터다. 용도지역은 토지의 경제적이고 효율적인 이용을 위해 도시 관리 계획에 맞춰 중복되지 않도록 적응적 용도를 정한 지역을 말하며 도시, 관리, 농림, 자연환경보전지역으로 나뉜다. 전체 국토 면적에서 각 용도지역의 비중을 보면 도시지역이 16.7퍼센트, 관리지역이 25.6퍼센트, 농림지역이 46.5퍼센트, 자연환경보전지역이 11.2퍼센트를 차지한다. 이러한 전국자연환경조사 결과는 자연환경보전의 효과성을 높일 수 있을 뿐 아니라, 효율적인 방향으로 발전시키고 있다.

인구밀도에 견주어 자연환경보전을 살펴보면 도시지역은 다시 주거지역이 15.1퍼센트, 상업지역이 1.9퍼센트, 공업지역이 6.7퍼센트, 녹지가 71퍼센트 등으로 세분된다. 또한 2017년 도시지역에는 전체 인구의 91.84퍼센트에 해당하는 47,596,436명이 거주하는 것으로 집계되었다. 이는 자연환경보전지역이 1년 사이 0.2퍼센트 줄어든 것과 비교해 자연환경보전에 대한 불안을 어렵지 않게 예견할 수 있는 대목이다.

도시지역의 인구 증가 현상은 곧 도시지역의 확장을 의미하는데, 이는 생태적 보전 가치가 높은 지역의 희소성을 증가시키는 것인 동시에 하구역河口域, estuarine zone[109] 등 민감한 지역의 훼손을 지속시키는 것을 의미한다.

개인적으로 자연환경보전의 유기체적 체제를 통한 패러다임을 수긍한다. 자연환경보전 체제는 자생력·보정력을 함축한 자정력과 자연환경을 둘러싼 유기체적 현상이다.

자연환경보전에 대한 유기체적 가치화 과정은 자연 스스로 성장하는 잠재 능력이 있다는 것을 의미한다. 한 개체가 유지·보호·보존되려면 개체 스스로 유지·보호·보존 의지와 능력이 있어야 하는 것은 당연하다. 자연환경도 그렇다. 인간이 자연환경을 유지하고 보호하며 보존하는 데는 한계가 있을 수 있다.

자연환경에 자체 능력이 있느냐, 없느냐도 중요한 명제다. 이 명제에 대한 답은 분명하다. 자연환경은 자정력이 있다. 보정 능력이 있다.

앞에서 살펴본 것과 같이 자연환경보전 위기는 산업화와 인간 중심적 세계관, 과학기술 문명, 경제적 욕구, 소비 체제의 편리성 추구 등여러 요인이 복합적으로 작용해 발생한 문제다. 그렇기 때문에 자연

---

109) 하구(河口, estuary)란 사전적으로는 '강물이 바다로 흘러 들어가는 어귀' 또는 '바다와 만나는 넓은 강어귀'로, 특히 조수가 드나드는 하천 하류를 지칭한다. 하구역(河口域, estuarine zone)은 하구에 공간적 영역을 설정해 관리 개념을 포함한 것으로, 보전·관리 대상이 되는 하구의 공간적 범위로서 하구와 구별해 정의할 수 있다. 하구는 공간적으로 하천 유하 방향에 따른 종적 경계와 하천 유하 방향에 직각인 횡적 경계로 나누어 전체 범위를 정할 수 있다.

환경보전 위기 문제는 단순히 정책 몇 개를 새로 세우고 바꾼다고 해서 해결되는 것이 아니다. 그 해결책은 인간과 자연의 관계뿐 아니라, 모든 인간 생활양식의 기초가 되는 경제 프레임 워크와 과학기술을 변화시키는 새로운 패러다임에서 나온다. 이러한 시대적 요구에 가장 부합하는 것으로, 유기체적 가치화 과정을 통한 자연보호운동의 존재론적 패러다임을 주장하고자 한다.

자연환경보전에 대한 유기체적 가치화 과정을 살펴보면 먼저 자연은 인간과 마찬가지로 자체적으로, 그리고 본래적으로 유기체적 가치와 기능, 과정을 가지고 있다. 이를 통해 자연은 자체적으로 창조적 질서creative order를 유지하고, 자생할 수 있게 된다. 미국 활동가 애니 레너드Annie Leonard의 책 《물건 이야기The Story of Stuff》에 나오는 숲을 예로 들 수 있다.[110]

그리고 자연환경보전 문제를 해결하는 새로운 패러다임은 자연의 최대 수혜자인 사회 구성원, 즉 인간이 새로운 사고의 틀로 전환했을 때 가능해진다. 그렇다면 기존 패러다임을 대체할 유기체적 패러다임에는 어떤 것이 있는지 알아보자.

---

[110] Aurelia Louise Jones (2004), Revelations of the New Lemuria (TELOS, Vol.1), Mount Shasta Light Publishing, p.153.

콩 심은 데 콩 난다

    유기체적 패러다임이란 일단 자연 자체를 애호하고, 경제성장보다 자연을 중시하며, 소비 지향적 편리성보다 자연에 더 높은 가치를 부여하는 것을 포함한다. 여기에는 생태계 유지 기능에 대한 관심, 그리고 미래세대를 향한 관심도 포함되며, 반대로 거대 과학기술을 비판적으로 통제하고 성장의 한계를 인정하는 것을 뜻한다. 그래서 '적정기술'에 관한 연구도 끊이지 않고 진행되고 있다. 이는 우리 삶의 질을 궁극적으로 끌어올릴 수 있는 기술이기도 한다. 영국 경제학자 슈마허는 "대중에 의해 생산에 기여하는 기술"이라고 말했다.

    현대 산업과학기술은 거대주의로 나아가는 기술이기 때문에 그것을 그냥 지켜보는 것은 환경을 파괴하고 손상시킬 뿐 아니라, 미래세대에게 악영향을 미치고 인간 자신도 망가뜨리는 행위라고 할 수 있다.

그럼 이제 자연환경보전에서 유기체적 가치화 과정을 살펴보기로 하자. 자연환경은 자생력과 보정력을 가지고 있다. 유기체적 가치화 과정이란 자생력을 가진 유기체가 그 자생력의 가치를 그대로 새롭게 나타내는 것을 말한다. 예를 들어 민들레 씨가 바람에 날아가 어딘가에서 꽃이 핀다고 해보자. 그러면 그 꽃은 씨가 날아가기 이전의 민들레 씨앗 그 자체다. '콩 심은 데 콩 나고, 팥 심은 데 팥 난다'는 속담처럼 자연스러운 논리이지만, 좀 더 근본적으로 접근하면 이해가 가능하지 않을까 싶다. 즉 우리가 흔히 상식적으로 제시할 수 있는 답변들에 대해 그 상식들의 근본을 더 캐묻는 메타적 질문을 통하면 가능할 것이다. 예를 들어 팥의 씨앗에는 팥이 되는 유전 보고서가 저장되어 있어 영양분이 적절히 공급된다면 팥이 자란다. 그리고 그 팥이 땅에 떨어져 싹이 나고 자라 잘 여문 열매가 또 팥이 된다. 굳이 팥이 자라도록 애태우는 소모전을 하지 않아도 팥에서 팥이 자라는 것이다.

식물이나 동물은 성장 조건이 최적화될 때 외부의 의식이나 인위적인 노력 없이도 원래의 유전형질 그대로 성장한다. 자연환경은 보정능력을 자체적으로 가지고 있다는 뜻이다. 다시 말해 식물도, 동물도 성장 잠재력을 내재하고 있다. 이러한 성장 잠재력은 자연환경보전이 지금 당면한 현실의 위기에 대처할 수 있는 자정력을 지녔다는 방증이다.

이러한 자정력에 대한 확신은 대기오염 문제를 해결하기 위한 첨단

콩 심은 데 콩 나고
팥 심은 데 팥 난다.

의 방안을 제공하기도 한다. 진전되는 연구를 보면 환경오염 해결 방안이 되는 개발들에 새로운 패러다임을 제시하고 있다. 이처럼 자정력에 대한 제고는 비단 자연생태계뿐 아니라, 대기오염을 줄이기 위해, 그리고 인간 삶의 질을 향상시키기 위해 대기 정화 기능을 갖춘 환경 기여형 구조물의 개발을 가져오기도 한다.[112]

이렇게 자연환경에는 자체 보정 능력이 있는데, '콩이 콩'이 되고 '팥이 팥'이 되는 것처럼 자연환경이 자연환경이 되도록 하는 작용 원리 체제가 곧 자연환경의 유기체적 가치화 과정이다. 앞에서 언급한 자연환경보전의 명제에 대한 답을 다음과 같이 접근해 고찰해보고자 한다.

생태계 먹이사슬의 유기체를 고려할 때 종간種間은 여러 개의 사슬로 이어진다. 사슴은 떡갈나무 외에도 100여 종의 식물을 먹는다. 젖소는 옥수수 외에 100여 종의 식물을 먹는다. 그래서 그들은 모두

100개의 사슬을 가지고 있다. 생태계의 피라미드는 매우 복잡한 사슬이므로 무질서하게 보인다. 그러나 시스템이 안정적이라는 사실은 그것이 매우 유기체적인 구조라는 것을 뜻한다. 그리고 시스템이 잘 유지되고 관리되는지 여부는 시스템을 구성하는 다양한 부분의 협력과 경쟁에 달려 있다. 자연의 연결성, 회수성, 회복성, 복원력에 달려 있는 것이다.

태양은 자연환경에 생명 에너지를 공급하고, 식물은 그 에너지를 통해 유기물을 만들어 성장한다. 유기물을 만들어낸 식물을 동물이 먹고, 더 힘이 센 동물은 그 동물을 먹음으로써 성장하고 죽는다. 죽은 생명체는 곰팡이와 박테리아의 먹이가 되고, 곰팡이와 박테리아는 완전 분해를 통해 물과 공기, 흙이 되어 돌아간다. 이러한 세계를 생태계라고 하는데, 이렇게 생태계가 상호작용하면서 순환하는 것이 자연환경이 보전되는 본래적 원리다.

생태계는 언제든지 항상성을 유지하려 한다. 즉 생태계의 동물, 식물, 무생물은 항상 평정 상태를 유지하려 하는 것이다. 이것이 자연환경이 원리적으로 보전되는 원리다. 생태계에 항상성이 유지될 때 인류에게 지구는 건강하고 안전한 생활터전이 된다.

자연환경보전을 위한 두 가지 체계는 자정력과 유기체적 상황이다.

---

112) 이장목 (2008), 자정기능과 대기정화 기능을 가지는 환경 기여형 콘크리트 외벽 블록 개발, 한국건자재시험연구원, p.15.

자연 자체가 가진 자생력·보정력을 함축한 자정 기능인 자정력과 자연환경을 둘러싼 유기체적 현상을 말한다. 이 두 가지 체계를 보면 두 체계가 상반되거나 조화를 이루지 못할 경우 그 결과로 나타나는 부적응 현상이 바로 환경오염이고 생태계 멸종이다.

자연환경의 유기체적 현상과 자연환경 자체의 자정력이 자정작용 self-purification을 일으키지 못하고 서로 상충되는 상황들은 훼손과 파괴를 야기하고, 이에 자연환경은 위기를 맞게 된다.[113] 훼손되고 파괴되는 위협이 많아질수록 자연환경보전을 위한 활동들은 내외적으로 일어날 것이다.

자연은 스스로 가치를 유지, 확대하는 작용을 한다

자연환경보전의 존재론적 패러다임은 자연환경보전의 자율성, 유능성, 관계성 등 세 가지 핵심 요소를 포함하고 있다. 다시 말해 존재

---

113) 자정작용(self-purification)은 오염되고 더럽혀진 물, 땅, 대기 등이 시간이 흐르면서 자연적인 힘에 의해 본연의 깨끗한 모습을 되찾아가는 기능을 말한다. 마치 인체가 질병에 걸렸을 때 스스로 치유되는 능력과 비슷하다. 우물물이 정체된 듯 보여도 땅의 모래입자들에 의해 계속 정화되고 있다. 유기물, 무기물로 인해 많이 오염된 물은 산소의 역할과 박테리아 같은 세균의 작용에 의해 쌓인 물질들이 분해, 희석, 침전을 반복하며 회복해간다. 자정작용은 한 부분에 국한되어 일어나는 것이 아니라 지구 전체 모든 곳에서 일어난다. 자정작용에는 오랜 시간이 소요되고 정화에 한계는 있다.

론적 패러다임에서는 자연 스스로 가치를 유지하고 확대시키려는 작용, 그리고 인간과 자연의 관계가 핵심 요소인 것이다.

인류는 일찍이 생물뿐 아니라 무생물을 포함한 자연 전체를 살아 있는 것으로 간주해왔다. 그리고 지구와 인간 사이에는 지구에 대한 기계적인 이해에서 나오는 것보다 더 깊고 밀접한 관계가 존재한다는 관점을 가지고 있다. 여기서 지구를 파괴할 수 없는 이유가 제시된다. 즉 무생물로 간주해왔던 지구도 사실은 일종의 생명적 성질을 소유하고, 상호의존적이면서 보완적인 체제 속에 있는 것이다. 따라서 인간은 지구 자체를 직관적으로 존중해야 한다.[114]

이렇게 볼 때 존중받는 가치가 있다. 가치에는 내재적 가치와 외재적 가치가 있다. 산업사회에 기반을 둔 자연보호는 실효성이 적을 수밖에 없는데, 이는 개체주의 입장에서 산업사회의 성장 발전에 효용이 있는 대상들만 중시하고, 그렇지 않은 대상들은 무시하면서 파괴하는 자연보호에 머물기 때문이다. 그렇게 되면 자연보호는 결국 실패할 수밖에 없다. 한마디로, 생명 관점에서 자연관과 인간관을 확립하자는 말이다. 이는 광대하거나 포괄적이지 않다. 다소 철학적 접근이라고 할 수 있겠지만 오히려 현실적이고 자체적이다. 자연환경의 본

114) Aldo Leopold (1991), "The Varmint Question", in The River of the Mother of God and Other Essays by Aldo Leopold, Ed. S. Flader, & J. Callicott, Madison: Univ. of Wisconsin Press, pp.86-97.

질적 가치를 나타내는 내재가치는 유기적 관점에서만 가능할 수 있기 때문이다. 이것이 자연생태계 위기를 극복하는 데 필수적인 패러다임 정립의 출발이다.

인류는 성장 발달의 여정이 진행될수록 역의 관계에서 도출되는 자연환경 위기에 봉착할 수밖에 없다. 자연생태계 파괴로 수많은 종이 멸종되고 있고, 인류의 존속 자체도 큰 위기의 가운데에 있다. 이 위기는 기존 문명의 패러다임 안에서는 어떠한 과학기술로도 극복할 수 없다. 현재의 패러다임에 획기적인 전환을 모색해야 한다. 한마디로, 자연환경이 유기적 관계인 만큼 내재적 가치를 존중해 자율성, 유능성, 관계성을 간과하지 말자는 것이다.

세계는 전 지구적 고심인 심각한 자연환경 위기를 맞아 '다음 세대를 위한 미래적 패러다임 모색'이라는 주제로 활발하게 논의를 진행하고 있다. 이러한 논의가 필요하다는 데 동의하지 않을 사람은 없을 것이다. 하지만 관점의 전환이 어렵다는 점에서 누구나 난관에 부딪힌다. 즉 패러다임 모색에서 새로운 관점 정립에 어려움을 겪게 된다. 다시 말해 미래적 패러다임 모색에 대한 논의는 이어지고 있지만, 이러한 개념에 기초해 다음 세대의 욕구를 충족시키도록 자연환경을 유지하고 존속하면서 현세대의 욕구까지 만족시키는 자연보호 패러다임을 정립하기가 어렵다는 것이다. 특히 존재론적 패러다임 모색은 본래대로의 가치를 온전히 인정하고 유지하며 보호하고 보존하는 것이기에 더 큰 어려움에 봉착할 수밖에 없다.

추상적이거나 현실 불가능한 자유로운 전개가 아닌, 가능성을 전제한 조망prospect으로 존재론적 패러다임을 모색할 경우 이는 유기체적 가치를 존속하는 것이기에 다음 세 가지의 핵심 요소를 내포하고 있어야 한다. 첫째는 자율성autonomy이고 둘째는 유능성competence이며 셋째는 관계성relatedness이다. 자율성, 유능성, 관계성은 앞에서 말한 자원순환 원리인 자연의 연결성, 회수성, 회복성과 개연성을 가져야 한다.[115] 이에 따라 자연환경이 생물체 전체인 유기체의 가치라 믿고 핵심 요소인 자연환경보전의 자율성, 유능성, 관계성과 연결시켜 명명하며 적용, 실행해보고자 한다.

첫째, 자연환경보전에서 자율성은 자연환경이 외부 환경으로부터 압박 혹은 강요받지 않으면서 자정력을 통해 스스로 성장과 도태를 조절할 수 있는 상태를 말한다. 내부와 외부 환경에 따라 성장과 도태의 진화 과정을 거치며 자연환경보전을 추구하는 것이다. 따라서 자연환경보전의 자율성은 자연의 가치를 있는 그대로 인정하는 것으

---

115) 자연의 연결성, 회수성, 회복성은 자연환경에서 확장된 복원력 개념이다. 즉 회복 탄력성을 말하는 것이다. 복원력은 '원래 위치로 돌아갈 수 있는 힘'을 의미한다. 지진, 가뭄, 홍수, 태풍, 화재 등과 같은 예기치 않은 장애에 직면해도 탄력성이 높은 자연 또는 환경 시스템을 유지할 수 있다. 생태 탄력성은 자연과 도시 환경의 근육이다. 환경의 복원력을 개발하기 위해 공원을 설계하거나, 공원을 생성하거나, 늪(예: 우포늪, 달성 마른 늪지) 또는 자원재활용 사회를 만들면 종합적인 자연환경 복원력이라고 볼 수 있다. 현대 생태학은 생태계의 복잡성, 역동적인 변화와 지속적인 교란에 중점을 둔다. 다시 말해 생태계는 평화롭고 안정적인 세상이 아니라, 끝없이 파괴되고 복원되어 끊임없는 교란에 적응하는 개방형 시스템이다.

로, 자연환경은 자기 조절을 선택할 수 있으며 외부적 환경, 예를 들어 개발에 의한 훼손이나 인위적 보전 등에 이끌리지 않고 자연환경 가치 자체를 보유할 수 있는 자연적 선택으로 자연환경을 유지하게 된다.

단, 자율성은 외부의 영향력에 의존하지 않는 개념인 독립성과는 다른 개념이다. 자율성과 의존성은 대립 구도가 아닌 수직적 구도, 즉 일부 겹치는 부분이 있으나 전혀 다른 방향을 보는 것으로 인식할 수 있다. 독립성은 인간과의 관계에서 나타나는 자연과 인간의 문제이지만, 자율성은 내적인 것으로 인간의 의지와 선택이 반영된다. 따라서 자율성의 반대 개념은 인간에 대한 자연보호 의존성이 아니라, 통제되거나 조종당한다고 느끼는 타율성 내지 침투성이 되어야 한다. 즉 자율성은 인간이 제공하는 자연보호에 의존하거나 거부하는 자연과 인간의 관계를 분리하는 개념이 아니다. 이 개념에 따라 자율성과 타율성의 네 가지 조합이 나오는데 타율적 의존성, 타율적 독립성, 자율적 의존성, 자율적 독립성이 그것이다. 존재론적 패러다임에서는 인간이 제공하는 자연보호에 대한 의존을 자유로운 선택에 의한 것으로 판단해 그 선택 역시 자율성에 기반한다고 봐야 한다. 이러한 시각에 따라 자율성과 선택을 동일하게 평가하지 않는다.

둘째, 자연환경보전에서 유능성을 설명하기에 앞서 'competence'의 어원을 들어 이해를 돕고자 한다. compete는 '함께com=together 뻗다~pet=stretch~'에서 유래한 말로 '겨루다, 경쟁하다, 서로 맞서다, 필적하다' 라는 뜻이며, competence는 '적성, 자격, 능력, 권능' 의 의미로 쓰인다. 그리고 component는 '한곳에 함께~com=together~ 두다~pos=place~'에서 유래해 '구성하고 있는, 성분을 이루는, 성분, 구성요소, 부품' 의 뜻으로 쓰인다. 이것을 바탕으로 자연환경보전의 유능성을 설명하면, 자연은 함께 어우러져 본연의 가치를 그대로 발휘하면 보존될 수 있다는 뜻이다. 자연환경보전의 유능성은 자연의 보정력을 함의하고 있다. 물론 자연환경보전의 자율성에, 자연의 자정력에 보정력이 포함되기도 하지만 오히려 자연환경보전의 유능성에 더 함축된다.

생물체는 모두 내재된 힘을 분출하고 발휘하기를 원하는 역동성을 지니고 있으며, 기회가 될 때마다 보유한 능력인 자생력을 확산시키기를 원한다. 어린나무는 어린나무대로 내재된 힘에 의해 자라면서 꽃을 피우고, 꽃을 피운 뒤에는 열매 맺기를 원하는 것처럼 말이다. 또한 이러한 과정에서 너무 어렵거나 쉬운 과제가 아닌, 생물체의 수준에 맞는 과제를 수행함으로써 자신의 유기체적 유능함을 실현시키고 싶어 한다. 이것을 생물체의 보존 능력, 즉 생물체의 유능성이라고 한다. 이러한 자연환경보전의 능력은 자연환경이 외부적 환경과 서로 상호작용할 기회가 주어질 때 더 충족된다고 볼 수 있다.

셋째, 자연환경보전의 관계성은 자연과 자연, 자연과 인간의 관계를 말한다. 관계성을 친화성이나 친밀성으로 해석할 수도 있다. 결국 공존을 말하는 것이다. 생태계 자체가 관계성이다. 먹고 먹히는 소생과 소멸, 그리고 다시 소생이 이어지듯, 생태계는 순환원리를 바탕으로 하는데 그 자체가 관계성이다. 자연환경보전의 관계성을 유기체적 가치 측면에서 고찰해보면, 관계성은 거의 절대적이다. 왜냐하면 자연환경 파괴는 인류의 멸종으로 이어지기 때문이다.

〈표 4〉는 우리나라의 멸종위기 야생동물 현황인데, 멸종위기 야생생물은 위협 요인이나 개체수에 따라 등급을 달리하고 있다.[116]

구분		종 수	구분		종 수
멸종위기 야생동물 I급	포유류	12	멸종위기 야생동물 II급	포유류	8
	조류	14		조류	49
	양서·파충류	2		양서·파충류	6
	어류	11		어류	16
	곤충류	6		곤충류	20
	무척추동물	4		무척추동물	28
	식물	11		식물	77
				해조류	2
				고등균류	1
	소계	60		소계	207
총계 267					

〈표 4〉 한국의 멸종위기 야생동물 현황 [117]

---

116) 멸종위기 야생생물이란 연적 또는 인위적 위협 요인으로 개체수가 현격히 감소하거나 소수만 남아 가까운 장래에 절멸될 위기에 처한 야생생물을 말한다. 환경부가 '야생생물 보호 및 관리에 관한 법률'에 따라 지정, 보호하고 있다.
117) 환경부 자연보전정책관실 생물다양성과(기준 2018. 12. 31).

우리나라는 생태계의 자연적 또는 인위적 위협 요인으로 개체수가 크게 줄어들어 멸종위기에 처한 종을 '멸종위기 야생생물 Ⅰ급'으로 지정하고 있고, 자연적 또는 인위적 위협 요인으로 개체수가 크게 줄어들어 현재의 위협 요인이 제거되거나 완화되지 않을 경우 가까운 장래에 멸종위기에 처할 우려가 있는 종을 '멸종위기 야생생물 Ⅱ급'으로 지정, 관리하고 있다.[118] 멸종위기종 가운데 2018년 12월 31일 기준으로 야생생물은 총 267종이다.

〈그림 22〉는 우리나라의 멸종위기종이다. 한국산 생물종의 현황은 '환경통계연감'에 따르면 2019년 현재 50,827종이다.[119]

멸종위기 야생생물 지정 연도별 변화   멸종위기 야생생물 지정 현황

〈그림 22〉 한국의 멸종위기종 [120]

118) 2018 Environmental statistics yearbook [제31호], 환경부 환경연구개발과, 2019, p.362.
119) Ibid., pp.360-361.
120) https://species.nibr.go.kr 한국의 멸종위기종, 환경부, 국립생물자원관.

〈그림 23〉은 국내 생물종의 수를 나타내고 있다. 생존율과 멸종률을 따지면 심각하지 않은 것처럼 보인다. 그러나 생태계는 한 번 멸종하면 영원히 되살릴 수 없다. 그리고 어떠한 가치로 인류를 이롭게 할 수 있는지 생태계의 가치도 제대로 파악되지 않은 측면이 있다. 우리가 미처 다 알지 못하는 상태에서 생물이 멸종되기도 한다.

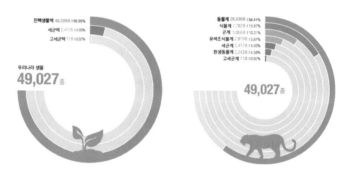

〈그림 23〉 국내 생물종 [121]

인류는 자연환경과 공존 관계임을 부인할 수 없다. 태초에 인간에게 자연이 준엄성을 넘어 두려움의 대상이던 것처럼, 근대를 지나 현대에 들어서 자연은 우리를 다시 두려움의 상태로 몰아가고 있다. 자연환경보전 위기의 위험성을 전 세계적으로 알리고 있다. 인류의 멸종을 예고하기 전 자연환경을 보전해나가야 할 것이다.

---

121) Biodiversity Statistics of Korea 2017, (2018), 환경부 국립생물자원관 국가생물다양성센터 국립생물자원관장, pp.32-33.

자연환경보전의 관계성은 자연과 자연, 그리고 자연과 인간이 안정적 교류나 관계에서 조화를 이룰 때 느끼는 안정성을 의미하기도 한다. 인간은 오래전부터 자연이 주는 혜택에 대해 남용이나 오용을 선택하고 있다. 자연 자체를 보호하는 데 기준을 둔다 해도 자연을 위한 자연 유지가 아니라 인간의 욕구와 필요에 의해 자연을 보호하고 보존하는, 상호 순환적이지 않고 편협적인 관계가 이루어지고 있는 것이다. 자연환경보전은 자연으로부터 무언가를 얻거나 획득하기 위한 것이 아니며, 자연과 인간의 관계에서 나타나는 안정성 자체를 말한다. 즉 자연환경보전을 위한 의미 있는 관계를 맺고자 하는 것으로, 안정된 관계를 획득하고 유지하는 것이 곧 자연환경보전의 관계성이다.

자연환경보전의 관계성은 유능성이나 자율성에 견주어 볼 때 다른 조건을 보조하는 역할, 즉 외적 자극 원인을 내재화시키는 데 핵심적인 역할을 수행하기도 한다. 자연과 자연의 관계, 다시 말해 자연생태계의 먹이사슬로도 표현되는 자연과 자연의 관계성을 유지하고자 하는 욕구는 생태계 간 관계에서 보존 능력을 내재하는 동기를 가지게 하는 데 중요하다고 할 수 있다. 일반적으로 인간에 의해 외재적으로 동기화된 자연환경보전은 자연환경 그 자체로는 흥미롭지 못해 자연환경이 안전하게 보전 행동을 하려고 하지 않는 경향을 보이는 것 같다. 반대로 유기체적 보존 활동이 의미 있는 경우에는 자연생태계 먹이사슬 관계의 안정성을 획득할 수 있는 수단으로 판단해 오히려 더 쉽게 접근이 가능하다.

이를 정리해보면 자연환경보전의 자율성은 자연환경의 가치를 설명하는 것이고, 자연환경보전의 유능성은 지향성을 의미한다고 볼 수 있다. 그리고 자연환경보전의 관계성의 경우 자연은 굴성屬性을 갖출 수 있어야 하기 때문에 친밀성이나 친화성으로 표현할 수 있을 것이다.

자연환경의 가치는 자연의 고유한 내재가치이자 유기체적인 스스로의 가치, 즉 자연이 가진 본래적 가치를 말한다. 자연의 고유한 내재가치는 근원적 가치라고 할 수 있다. 이 가치는 결국 자연환경은 자연 가치 그대로 평가받아야 한다는 뜻이다. 그래서 이것을 존재론적 패러다임의 하나로 명명하는 것이다.

자연환경보전의 유능성은 미래지향성에서 본 것으로, 현시적 presenting 관점의 자연환경보전뿐 아니라 메타적 사고로 상위인지 meter-cognition 관점에서 장기적이고 미래적인 자연환경보전 활동도 필요하다는 점을 강조한다. 후손인 미래세대가 받게 될 영향을 고려하는 장기적 시각에서 자연환경보전을 바라봐야 한다는 의미다.

자연환경보전의 관계성이란 균형성을 말한다. 즉 현세대는 자연환경을 과거 세대로부터 물려받아 공유하고, 유지와 보존을 통해 미래세대에게 물려주어야 한다는 뜻이 포함되어 있다. 순환원리에 따라 물려받은 자연환경만큼은 이중적인 관계성 규준으로 봐야 할 것이다. 이 점을 좀 더 적극적으로 생각해 자연환경은 현세대에 소속된 듯하지만 순환원리에 의해 다음 미래세대의 것이라는 인식으로 정리하면 될 것이다. 그러므로 자연환경에 대한 현세대의 욕구 충족이 후손인 미래세대의 필요적 선택을 제한한다면 미래세대의 요구를 침해하는 것이라고 할 수 있다. 그리고 균형 있는 가치 전달을 위해 노력해야 하는 것도 당연하다.

1970년대 후반부터 시작된 패러다임 모색이 현시대의 대안이 되지 못하고 전 지구적으로 심각한 자연환경 위기를 초래하게 된 것은 바로 자연환경보전의 자율성과 유능성, 관계성을 깊이 추론해내지 못했기 때문이라고 본다. '지구환경보전'은 1977년 6월 스웨덴 스톡홀름에서 열린 유엔인간환경회의UNCHE에서 세계 공통 과제로 채택된 이후 1980년 국제자연보전연맹에서 '세계환경보전전략WCS(World Conservation Strategy)'의 주제로 선택되어 활발히 논의되었다. 그리고 세계환경개발위원회WCED(브룬트란트 위원회)가 1987년 4월 발간한 '우리 공동의 미래Our Common Future', 일명 '브룬트란트 보고서' 이후 널리 알려지고 사용되기 시작했다. 그러나 유기체적 가치를 핵심으로 한 자율성과 유능성, 관계성이 우선시되지 않았기에 현시대의 자연환경에 대한 패러다임이 제대로 정립되지 못했고, 이로 말미암아 자연환경 위기 문제를 올바로 인식하지 못하고 있다. 미래 패러다임 모색을

자연환경보전은 함께해야 한다.
인간은 자연의 일부다.

발전시키지 못한 채 지연한 것이다.

이러한 이유들을 고려해 학문적 연구를 바탕으로 피력해본다면 자연환경이 유기체적 가치로 보전되면서 인간을 품을 수 있도록 자연보호 활동을 지속할 수 있는 노력을 경주해야 한다.

현시대를 볼 때 자연의 유기적 고유 가치가 무시되는 것만은 아니다. 살려내기도 한다. 인라이튼Enlighten[122]은 가전제품을 수리해 환경을 보호한다는 목표로 설립된 우리나라의 사회적 기업이다. 이 기업은 가전제품을 수리해 환경보호에 기여하는데, 이는 지속가능한 유통 모델을 의미하기도 한다. 2018년 전 세계에서 폐기된 전자제품의

122) https://www.hankookilbo.com/News/Read/201906200937730372?did=NA&dtype=&dtypecode=&prnewsid

양은 48,000,000톤에 달했다. 이에 비추어 첨단 가전제품의 확산으로 2050년까지 매년 약 50,000,000톤의 전자제품 폐기물이 쏟아질 것으로 예상된다. 가전제품이 생산되고 폐기되는 과정에서 지구온난화를 심화하는 이산화탄소가 다량으로 발생되기도 한다. 하나의 무선 진공청소기에서 나오는 이산화탄소 양은 65킬로그램인데, 이는 1년 동안 11개의 소나무가 흡수해야 하는 양이다. 인라이튼은 이런 가전제품의 수명을 연장해 환경오염의 악순환을 막으려고 한다. '세상을 밝히는 것'이라는 뜻을 가진 인라이튼은 20,291개 재생 제품으로 178,054그루의 나무 심기 효과를 낳아 이산화탄소를 줄이고 있다. 급속한 경제개발, 산업화 및 도시화를 향해 달려가고 있는 지금, 역의 방향에 숨겨져 있던 자연환경보전이 발현되는 새로운 전환점이라고 할 수 있다.

　이러한 방향 모색은 1960~1970년대 현상과 유사점이 있다. 1970년대에는 동네마다 있던 전파사에서 가전제품을 고쳐 사용했다. 정육점에서 고기를 신문지에 싸서 팔던 시절, 생선을 종이로 포장해 판매하던 시절이다. 그러나 이 시절로 돌아갈 수는 없다. 그리고 돌아가서도 안 된다. 이미 인간 삶의 방식은 포스트모더니즘에 길들어 있기 때문이다. 하지만 편의에만 익숙해진 인류는 새롭게 자각해야 한다. 그 이면에는 긍정적인 모습도 있다. 인간과 자연의 본질에 대한 새로운 탐색을 시도하고 있기도 하기 때문이다.

좋은 삶 Good Life

포스트모더니즘이 비합리성을 추구하고 인간의 감성을 중시하지만, 가치를 인정하고 상대적 진리와 실천적 지식을 존중하는 흐름에 따라 인간과 자연환경에 대한 새로운 관심이 일어나고 있다. 생태주의가 그 예다.

일상에서의 관점 전환으로 자연환경의 유기체적 가치를 살려야 한다. 거듭 강조하지만, 자연환경 파괴는 곧 인류의 생존을 위협하는 것이기 때문이다. 따라서 자연환경보전과 관련해 국가는 현시대의 대안으로 제도적 방안을 모색하고 실행해야 한다. 그러나 국가 차원에서 제도적 방안으로 모색된 정책을 시행하는 데는 변수들이 존재한다. 정권교체가 되거나 법제적 방안이 뒤따르지 않을 경우 실효성에 한계가 있을 수밖에 없다.

더 나은 방법이자 실효성을 거두는 방안으로 크게 네 가지를 들 수 있다. 첫 번째는 제도적 방안보다 더욱 근접한 접근으로 자연보호운동의 주체인 민간단체, 일반 개인, 기관의 활동이다. 이들의 참여는 곧 일상에서의 참여이기에 실효성을 기대할 수 있다.

두 번째는 자연보호운동 참여자의 관점에서 새로운 패러다임을 도출하는 것이다. 일상에서 실행에 옮길 수 있는 자연환경보전 활동이 중요한데, 이는 정책이나 제도적으로 법제화해 범화하는 것보다 시민 참여자들이 일상에서 범화하는 것이 지속가능성을 높이기 때문이다. 따라서 자연환경보전 활동이 자연환경의 유기체적 내재가치를 인정하고 실현하는 자연보호운동 참여자들의 일상이 되어야 한다.

급속한 경제개발, 산업화와 도시화를 겪은 우리나라는 다른 나라들보다 자연환경보전이 시급한 국가적 문제로 부각되었기에 1991년 '자연환경보전법'을 제정, 시행하고 있다. 그러나 정권교체가 되거나 정책적 시행 방향이 바뀔 때마다 자연환경보전 활동은 지속되지 못했다. 물론 유기체적 내재가치를 살려내는 자연환경보전을 범화할 수 있다면 미래 예측은 희망적이다. 그리고 밝은 미래 전망을 담아낼 수 있게 하는 활동이 바로 자연보호운동이다. 이것에 근접한 활동을 하는 지역이 있다. 바로 자연보호중앙연맹 '자연보호 정읍시 협의회'다.

세 번째는 지역 간 교류를 통해 자연보호운동의 효과를 높이는 것이다. 각 지역 자연보호 활동의 장점과 강점을 서로 교류하고 지역 특성을 살리는 창의적 활동으로 상호 협력해 범화해나가는 방안이다. 자연환경보호도 지역 간 상호 협력 관계를 맺으면 효과를 높일수 있기 때문이다. 그 대표적 예가 자연보호중앙연맹 '자연보호 달성군 협의회'와 '자연보호 정읍시 협의회'의 자매결연이다. 2016년 자연보호 달성군 협의회와 자연보호 정읍시 협의회는 지속적인 협력 속에서 공동 발전 및 우호 증진을 위해, 자연환경보전과 인류의 안정된 삶을 위해 교류를 약속하고 지금까지 우호적인 관계를 이어오고 있다.

자연보호중앙연맹 '자연보호 정읍시 협의회'의 활동

'사회도 자연의 일부다. 사회도 밝고 깨끗해야 한다—정읍시'

사회와 자연의 유기적 관계를 바탕으로 자연환경보전 활동을 펼치는 곳이 있다. 바로 전라북도 정읍시다. 자연보호 정읍시 협의회의 김종길 회장은 '사회도 자연의 일부다. 사회도 밝고 깨끗해야 한다'는 자연환경보전 철학을 기반으로 일상생활 속 유기적 가치를 활용해 자연환경보전 운동에 참여하는 새로운 패러다임을 구현하고 있다.

좋은 삶이란 어떤 것인가?
그것은 바로 생태주의!

'인류의 건강한 삶'

인간을 비롯한 모든 생명체의 건강한 삶은 건강한 자연생태계와 쾌적한 자연환경이 바탕이 되어야 한다. 자연과 인간이 서로 건강한 유기체 활동으로 건강한 삶을 영위할 수 있도록 최선을 다하는 김종길 회장의 새로운 패러다임의 자연보호운동에 박수를 보낸다. 정읍시의 자연환경보전 활동은 친목 도모나 쓰레기 줍기 같은 상투적 활동에서 벗어나 자연과 환경, 더 나아가 사회 전반의 변화를 모색하고 있다.

특히 자연보호 정읍시 협의회의 특징은 다음과 같이 '자연이 살아야 우리가 산다' 를 실천하고 있다는 점이다.

♠ 우리 협회는 자연보전과 환경보호뿐 아니라 사회의 어둡고 후미진 곳도 밝고 깨끗이 한다.

♠ 문화 예술을 통한 자연보전, 환경보호운동을 하고 있다.

  • 문화 예술을 통한 홍보나 계몽운동을 극대화할 수 있으며, 문

화와 예술, 자연환경은 삶의 공존의 키워드이기 때문이다.

♠ 우리 협회는 청소년 자녀와 함께 봉사활동을 하도록 권장하며 함께 참여하고 있다.

- 자녀와 함께 봉사하는 것은 자녀들에게 건강한 정신을 갖게 한다.
- 청소년의 가장 훌륭한 스승은 부모다.

♠ 주 1회 협의회 강사 교육, 봉사활동 전 30분 교육, 월 회의 30분 간 환경교육.

- 전 회원 강사화를 목표로 꾸준히 역량을 강화한다.
- 자연보호협회가 홍보와 계몽을 통해 일반인으로 하여금 작은 실천을 솔선수범하게 한다.

♠ 청소년 교육 및 체험 활동

- 어려서부터 자연보전과 환경보호에 관심을 집중하게 해 실천과 인재 양성을 심화해가고자 한다. 이는 자연보호 활동과 겸한 교육으로, 참여자의 삶의 안정감과 인류 시민으로서의 자존감이 높아지기에 자연보호에 대한 인식을 제고하고 일상의 자연보호운동을 실천할 수 있다.

〈그림 24〉는 2020년 기준 자연보호 달성군 협의회의 활동이다. 자연보호 달성군 협의회 또한 시민 참여로 일상에서의 자연환경보전을

〈그림 24〉 '자연보호 달성군 협의회'의 활동

강조하고 실천하고 있다. 자연보호 달성군 협의회는 자연보호운동 참여의 효과성과 차별화를 위해 교육 차원에서 이루어지는 협의회 활동을 심화해가고자 한다. 이는 자연보호 활동과 겸한 교육을 통해 참여자의 삶의 안정감과 인류 시민으로서의 자존감을 높일 수 있기에 자연보호에 대한 인식을 제고하고 일상에서의 자연보호 활동을 실천하기 위함이다.

네 번째는 자연환경보전과 개선의 주체로서 역량을 가진 일반 시민을 인재로 양성하는 것이다. 학계를 넘어 일반화된 일상 속 인재, 즉 삶에서 실천하는 자연환경 활동가가 필요하다. 일상생활과 괴리된 추상적인 원리로 자연을 보호할 수는 없다. 자연환경 문제에 대한 일상에서의 실천적 적용 가능성을 찾아야 하고 이를 이루어내야 한다.

이러한 모든 노력은 자연환경에 대한 근본 인식, 즉 자연환경은 현세대가 마음대로 사용한 뒤 미래세대에게 물려주는 것이 아니라, 현세대의 후손인 미래세대의 것이며, 그들을 위해 원래 모습 그대로 돌려주어야 한다는 인식을 가지는 데서 출발해야 한다. 이러한 인식의 전환이야말로 새로운 자연보호운동의 출발이자 자연보호운동의 성공 요인이다.

자연과 인간의 공존을 중심으로 한 자원재활용사회가 자연환경보전의 대안이 될 수 있다. 자연환경보전 방안의 하나로 자원재활용사회인 자원순환사회의 구축이 필요하다는 것이다.

자연과 인류는 공존 관계이지만 인류 사회가 자연에 의존하고 있는 것은 사실이다. 그러므로 자연환경보전 위기는 자연생태계의 균형이 파괴되는 동시에 인류가 존속할 수 없게 된다는 인류의 위기이기도 하다. 따라서 자연환경보전 문제는 사회나 국가 차원의 문제일 뿐 아니라, 인류 역사적 차원의 문제라는 결론에 이르게 된다.

인류의 역사적 과제인 자연환경보전 문제를 해결하기 위한 노력은 세계적으로 자국의 이익을 우선시하는 경향 때문에 진보를 보이지 못하고 있다. 거대 경제 논리를 추구하고 경제적 우위를 누리는 선진국들은 기존 방식을 고수하고 있고, 자연환경보전 문제 해결을 위한 국제 협의에서도 자국에 유리한 방식으로 이끌어가려 한다. 그런데 경제성장 우선론자와 자연환경보전 운동가 사이의 갈등에서 볼 수 있듯이, 인간과 자연의 갈등은 공존 측면에서, 또 동시적으로 해결되어야 한다. 이를 위해서는 자연환경보전 위기의 원인을 먼저 사회 전반적인 면을 고려한 구조적 조건에서 찾아봐야 한다. 왜냐하면 본질적이거나 중요하지 않고 부차적인 지엽적 활동으로는 공존하면서 동시에 근본적인 부분에 변화를 시도하기가 쉽지 않기 때문이다.

그렇다면 인간과 자연 사이의 갈등을 해결할 수 있는, 일상에서 유기체적 가치를 추구하면서 자연환경을 보전할 수 있는 활동으로는 무엇이 있을까? 나는 개인적으로 미래세대의 자산이 되는 자연을 그들에게 물려줄 수 있는, 그리고 그것을 가능케 할 수 있는 자원재활용사회를 이루는 것이라고 본다. 자원재활용사회에서는 자원의 연결성, 회수성, 회복성을 고려한 순환이 이루어지기에 미래 자산으로서의 자연환경보전이 될 수 있기 때문이다.

자연생태계의 모든 물질은 순환한다. 개체 물질의 경우 소생과 소멸이 있고 어떤 곳에서 왔으면 어떤 곳으로 가야 한다. 이것이 지구 시스템에서 자원이 추출되고 폐기물이 축적되는 원리다. 그런데 산업기술개발 사회는 소생과 소멸에서 큰 문제를 안고 있다. 소생과 소멸의 불균형 때문이다. 특히 석유화학 제품은 분해가 쉽지 않고 오랫동안 환경에 악영향을 미친다. 그래서 자연자원을 미래세대도 이용하려면 지속가능한 개발이 이루어져야 하는데, 이를 위해서는 자원의 순환 방식에 대한 숙고가 필요하다. 자원을 한 번 사용하고 버리는 대신 환경과 경제, 사회 측면에서 바람직한 주기를 찾아야 하는 것이다. 이러

한 바람직한 주기가 일상이 되는 사회를 자원재활용사회 또는 자원
순환사회라고 한다.

자원순환사회는 자원을 재활용하는 사회를 말하는 것으로, 폐기
물 발생을 최소화하고, 폐기물을 재사용reuse 또는 재활용recycle하며,
불가피한 폐기물은 처리해 환경에 미치는 영향을 최대한 줄이는 것이
다. 기존 사회는 생성된 폐기물 처리에 중점을 두는 반면, 자원재활용
사회는 폐기물 자체를 줄이는 데 중점을 둔다.

자원재활용사회는 여러 측면에서 현재 전 세계에 필수적으로 요
구되는 사항이다. 먼저 자원재활용사회는 지속가능 발전을 위한 국
제 패러다임 변화에 적응하는 것이다. 또한 경제 개발과 생산 활동
의 확대로 소모되는 자원의 양, 소득 증가와 소비 증가로 지속해서
늘어나는 폐기물, 날이 갈수록 높아지는 원자재 수입에 대한 의존도
등에 대한 대안이 되기도 한다. 이처럼 자원재활용을 통한 자원순환
은 환경을 보전하고, 매립지 확보 문제에 대한 해결 방안을 제공하기
도 한다.

살펴본 바와 같이 자원재활용사회는 미래세대를 위해, 즉 인류 존
립을 위해 자연환경을 보전해야 하는 현재의 위기 상황에서 여러 측
면에 요구되는 유기체적 가치를 인정하는 자연환경보전 활동이다. 자
원재활용사회는 자연환경을 보존하고 경제성장을 가능하게 하는, 즉
자연환경보전과 경제성장을 함께 추구해가는 지속가능한 발전을 이

끌 수 있어 지속가능한 개발을 위한 국제 패러다임의 변화에 적응하는 것이며, 자연환경보전에 대응할 수 있다는 점에서 자연과 인간으로 하여금 갈등에서 벗어나 공존 관계를 이루게 한다. 한마디로, 자연환경을 미래에도 유지할 수 있도록 인간과 자연의 공존, 경제 개발과 자연환경보전의 균형과 조화, 현재 사용가치와 미래 유산으로서의 균등 가치 모두를 만족시키며 추구할 수 있는 패러다임인 것이다.

이것이 바로 미래세대를 위한 자연환경의 유기체적 내적가치의 추구이자 자생력과 자정력을 활용하는 것으로, 자원순환에서 얻어지는 연결성, 회수성, 회복성이 자연환경보전의 자율성, 유능성, 관계성과 개연성을 가져 효과를 얻게 된다. 이러한 순환성이 바로 지속가능한 자연환경보전을 위한 계획의 추진이고 자연환경보전의 미래 패러다임이다.

우리는 자연을 회복시킬 수 있다. 훼손된 자연환경이라도 탄력성이 있으면 자연과 자연, 자연과 인간의 상호 유기적 관계를 통해 회복이 가능하다. 이러한 회복성 덕분에 지구촌 공해 마을이 새롭게 되살아나고 있다. 자연환경보전을 위한 인간의 인위적 행동에 더해 자연 자체의 유기적 내재가치를 인정하는 지속가능한 설계가 실효성을 거두고 있는 것이다.[123]

지역사회와 생태계는 '지속가능성과 생태적 설계' 원칙에 따라 조화를 이루고 있다.[124] 자연 파괴 지역에서 생태개발지구로 변하고 있는 것이다. 도시계획을 통해 환경 자본을 꿈꾸는 곳도 있다. 이러한 대전환은 시민들의 참여가 있기에 가능했다. 일본 도쿄도 이타바시구는 '에코 폴리스 이타바시'라는 구호를 내걸고 자연환경보전 활동을 했는데, 그중 가장 대표적인 것이 시민들이 참여한 연못 살리기다.[125] 브라질 꾸리찌바시는 녹색개혁의 선구지역으로, '쓰레기는 더는 쓰레기가 아닙니다'라는 포스터를 내걸어 시민들에게 재활용 의식을 심어주었고 시민들의 참여로 '녹색교환'이 이루어졌다.[126] 쓰레기가 곧 음식과 돈이라는 인식으로 시작된 이 캠페인은 공터에 약 40명이 모여 트럭 작업자에게 수거한 쓰레기를 넘겨주고 티켓을 받는다. 쓰레기의 무게와 종류에 따라 티켓 종류가 달라지고, 그것으로 과일이나 간단한 곡물을 그 자리에서 구입할 수 있다. 현재 도시 폐기물의 약

---

123) 양병이 (1995), Sustainable Design, 환경논총 33, pp.161-182, p.164. 지속가능성과 생태적 설계. 지속가능성(Sustainability)이란 자원 이용에 따르는 자연환경의 영향을 동화시키는 지구의 수용 능력 범위에서 그 영향이 유지되도록 하는 것을 의미한다. 지속가능한 설계란 도시 디자인, 단지 디자인, 조경 디자인, 건축 디자인, 인테리어 디자인, 제품 디자인, 섬유 디자인, 그래픽 디자인 등을 환경 친화적으로 만드는 디자인을 말한다. 녹색 설계(Green Design), 생태적 설계(Ecologic Design)라는 표현도 함께 사용된다.

124) Andres R. Edwards, David W. Orr (2010), The Sustainability Revolution: Portrait of a Paradigm Shift, 2005, 오수길 역, 시스테마, p.119.

125) 아카츠카 다메이케 공원의 연못은 100명 넘는 주민 자원봉사자가 참여해 연못의 콘크리트를 뜯어내고 흙으로 연못을 채운 뒤 수초를 심어 정비한 것이다. 84세 할머니들도 참여한 자원봉사자들의 업적이다. 井上智彦 (2002), 世界の環境都市を行, 岩波書店, 유영초 역 (2004), 사계절, pp.69-70.

126) 꾸리찌바는 브라질 상파울루에서 남서쪽으로 약 350킬로미터 떨어진 도시로, 녹색정책이 세계에서 가장 효과적으로 이루어지고 있는 곳이다. 35년여에 걸쳐 진행되고 있다. Ibid., pp.152-153.

40퍼센트가 완전히 수거되고 있으며 그중 50퍼센트 정도가 녹색교환을 통해 수거된다.[127] 독일은 어린이들의 참여로 큰 성과를 얻은 자연보호 사례가 있다. 노르트라인베스트팔렌주 함시市는 어린이들이 참여하는 공원과 교정 만들기를 추진했다. 그 결과 어린이들에게 최적인 환경과 시설로 공원과 교정이 만들어졌고, 시민단체도 환경도시 만들기에 참여하게 되었다.[128]

우리나라에서 자연보호 연구와 활동은 국제자연보전연맹IUCN의 추천에 따라 1963년 12월 창립된 '한국 자연 및 자연자원보존 학술조사위원회KCCN(The Korean Commission for Conservation of Nature and Natural Resources)'가 연구조사를 하면서 일반 대중과 학생들을 대상으로 자연보호사상을 계몽하는 데서 출발했다.[129] IUCN은 자연환경보호와 지속가능한 사용을 위한 업무기구로, 1948년 프랑스 퐁텐블로에서 창립되어 현재 87개 회원국, 117개 정부기관, 919개 비정부기구, 33개 제휴 협력기관 등 총 1,156개 회원 기관단체와 11,000여 명의 전문가가 활동하고 있다.[130]

우리나라의 자연보호운동은 1977년을 기점으로 활발해지기 시작

---

127) Ibid., p.155.
128) Ibid., pp.211-212.
129) Sang-Joon Kang (2010), Chungbuk National University and Director of Chungbuk Chapter, The Korean Association for Conservation of Nature 150: 1-8, p.2.
130) https://ko.wikipedia.org/wiki

했으며, 발전 단계를 살펴보면 다음과 같다. 첫 번째 단계는 '쓰레기 줍기 운동'으로 자연보호운동을 범국민운동으로 제창하면서 국가 및 지방 차원에서 자연보호협회를 조직하고, 15,000개 이상의 조직과 전국 자연보호 궐기대회를 진행하며, 자연보호헌장을 제정·선포해 자연보호의 필요성을 전 국민에게 인식시키고 일상생활화하도록 했다. 두 번째 단계는 1979년부터 1985년까지 시행한 '쓰레기 안 버리기 운동'이다. 쓰레기를 버리고 줍는 악순환을 방지하고자 쓰레기를 올바로 버리게 하는 국민 의식 계도, 즉 안 버리기 운동을 전개하고 자연보호운동의 생활화를 도모했다. 세 번째 단계는 1986년부터 1992년까지 진행된 '쓰레기 되가져오기'로, 쓰레기를 자기 집 또는 관광지 입구로 되가져오는 운동을 전개했다. 폐기물 축적 원인을 근본적으로 제거하기 위한 하천 휴식 시스템 '자연휴식년제'를 시행하기도 했다. 이때부터 자연보호운동을 위한 '국민 자율 실천의식' 고취가 시작되었다. 네 번째 단계는 1993년부터 1997년까지 진행된 '국토 대청결 운동'이다. 자연보호, 폐기물 감소 및 재활용, 폐기물 투기사범 단속 캠페인, 자연보호 관련 교육·홍보 및 계몽 활동, 자연보호 관련 학술 조사 및 연구 활동을 시행했다. 다섯 번째 단계는 1998년부터 1999년까지 진행된 '생태계복원사업'이다. 생태계복원사업 전개, 멸종위기종 및 보호 야생 동식물 보전사업, 대국민 홍보사업, 어린이 계몽사업을 펼쳤다. 여섯 번째 단계는 2000년부터 현재까지 이어지고 있는

데, 자주적이고 독립적인 봉사단체 중심의 자연보호운동이다. 자연
보호중앙연맹의 설립 목적을 재정립해 회원과 함께하는 자연보호운
동을 전개하고 있다.[131]

도시환경 문제에 따른 생태도시를 구상해야 한다

이제 우리나라는 폐기물 발생을 근본적으로 줄이고 자원재활용 산
업을 육성하면서 자원정화 문화를 촉진해야 한다. 그 이유는 첫째,
자원이 부족한 나라이기 때문이다. 둘째, 매립 및 소각 폐기물의 56퍼
센트가 회수 가능한 자원이기 때문이다. 우리나라는 에너지의 97퍼
센트와 미네랄의 90퍼센트를 외국에 의존하고 있다. 해외에 지출하
는 대가가 연간 371조 원이다. 하루에 1조 원인 셈이다. 더 심각한 것
은 매립 및 소각 폐기물의 56퍼센트가 회수 가능한 자원이라는 점
이다.[132]

이러한 현상에 비추어볼 때 국가는 거시적 관점에서 자원순환 문
화를 정책적으로 긴급히 접근해야 하고, 미시적 관점에서 사람들의
일상생활에 이를 조성해나가야 한다. 국가, 지역, 개인이 해야 할 몫

---

131) http://www.knccn.org/default
132) 이병욱, 이동헌 외 1명 (2017), 우리의 미래, 환경이 답이다, 프리이코노미라이프, p.99.

이다.

　도시는 환경에 미치는 영향이 막대하다. 인구가 밀집되어 있기에 각종 오염이 더욱 많이 발생하며 도시가 확장될수록 자연환경은 더 파괴된다. 녹색도시, 생태도시 등 환경을 접목한 도시를 조성해야 하는 이유다.

　미래세대 자산으로서 자연환경보전의 현실적 구현을 위해 조성하는 생태도시의 사회 부문 계획과 공간 환경 계획은 전반적인 사회구

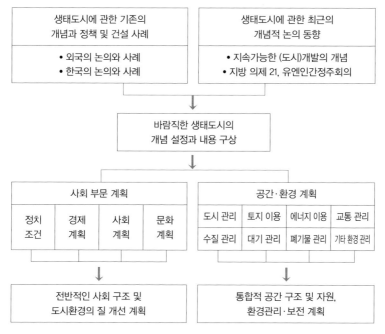

〈표 5〉 생태도시의 개념 설정과 내용 구상

조와 삶의 질을 개선하는 내용이 포함되어야 하며, 포괄적인 도시 공간구조 및 자원환경관리 계획에 따라 조정과 통합이 이루어져야 한다.[133] 생태도시의 개념 설정과 내용 구상은 〈표 5〉로 알 수 있다.

이를 기준으로 한 생태도시를 위한 전략의 거시 계획적 접근 틀은 〈표 6〉에 나와 있다.

정리해보면 다음과 같다. 자연환경 개발을 통해 인류 문명이 발전

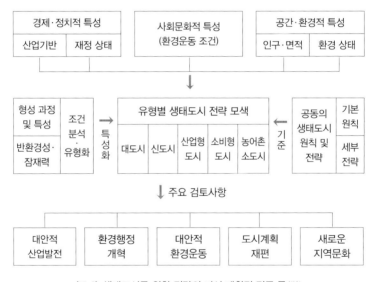

〈표 6〉 생태도시를 위한 전략의 거시 계획적 접근 틀[134]

133) Byung Doo Choi & Eun Sook Cho (1996), Urban Study Second, pp. 221-258; Urban Environmental Question and Alternative Approach for Eco-City, Korea Urban Research Institute, p.232.
134) Ibid., p.251.

할 수 있었다. 이는 당연한 말이다. 그러나 미래세대의 메커니즘을 일반적으로 고려하지 않고 자연환경 개발에만 중점을 둔 것이 사실이다. 지금까지 개발은 지구 환경과 미래세대를 고려하지 않은 채 인간의 욕구를 충족시키기 위한 지속 불가능한 개발이었다고 볼 수 있다. 이에 인류 문명의 발전을 위한 지속가능한 개발은 자연환경보전과 연결되어야 한다. 자연환경을 보호하고 개선하면서 인류 문명의 발전을 촉진해야 한다는 뜻이다. 자연환경과학에서는 지속가능한 개발, 자연환경을 파괴하지 않고 현대인의 요구 사항을 충족시키는 방법을 고려해야 한다.

이 방법은 구체적이고 명확하지 않을 수도 있다. 하지만 현 상황과 개선 방법을 고려한다면 자연스럽게 그려질 수 있다. 도출된 방법은 지금 당장 실천하기 어렵고 인내심을 요구하는 것이 많을 수도 있다. 그러나 미래세대가 더 나은 자연환경에서 살기 위해서는 당위적으로 이루어져야 하는 것들이다.

관련 연구의 중요성을 구체적으로 서술하면 자연생태계는 생물적 요인과 비생물적 요인(무기환경 요인)으로 구성되는데, 살아 있는 유기체로 분류된 동식물 등이 생물적 요인이고 공기, 물, 토양 같은 것이 무기환경 요인이다.[135] 자연생태계는 분리되지 않고 상호작용하며 전체 시스템에서 유기체적으로 순환하는 구조다. 기후는 이러한 생태계의 복잡한 메커니즘에 의해 제어된다. 그리고 전체 시스템에서 유기적으로 상호작용해 순환하는 구조는 오염물질을 흡수하고 분해해 서로 동화하면서 인간에게 필수 요소를 제공한다.

이와 같이 자연은 인간과 공존하면서 인간의 삶을 풍요롭게 한다. 그런데 자연생태계는 한 번 파괴되면 복원이 거의 불가능하다. 회복 되더라도 많은 부담을 지불해야 한다. 시간이 오래 걸리는 데다, 경제 적 부담도 클 수밖에 없다. 따라서 근본적인 자연환경보전이 바람직 하며 또 필요하다. 우리나라같이 인구밀도가 높고 국토가 좁은 국가 는 근본적인 자연환경보호와 보존이 절실하다. 대기오염, 소음 및 진 동, 수질오염 등이 삶의 질에 직접적이고 부정적인 영향을 미쳐 환경 오염 문제가 더욱 심각해질 수밖에 없고, 회복과 복원에도 상당한 어 려움이 따르기 때문이다.[136]

자연환경보전은 인간의 생존력에 기초한 것이며, 전 세계적으로 대 책이 시급한 실정이다. 특히 우리나라의 환경 문제는 과거보다 엄청나 게 심각한 상태이므로 대안과 대책 마련이 절실하다. 하지만 현실은

---

135) 생태계 구성 요소 간 관계: 생태계에서 생물을 둘러싸고 있으며, 생물이 살아가는 데 영향 을 미치는 모든 조건을 환경 요인이라고 한다. 환경 요인에는 식물(생산자), 동물(소비자), 미생물(분해자) 같은 생물적 요인과 빛, 온도, 공기, 물, 토양과 같은 비생물적 요인(무기 환경)이 있다. 생물적 요인은 생태계 내 모든 생물을 말하는데, 같은 종의 생물집단인 개 체군과 개체군의 집단인 군집이 여기에 해당한다. 비생물적 요인이 생물에 미치는 영향을 작용, 생물이 비생물적 요인에 미치는 영향을 반작용, 생물과 생물 사이에 서로 영향을 주 고받는 것을 상호작용이라고 한다. 김영민 (2009), 환경과 녹색성장, 교학사, p.64.
136) 이선호, 황진영 (2011), 한국에서 환경오염이 보건비 지출에 영향을 미쳤는가?: 광역자치 단체의 패널 자료를 이용한 실증분석, 보건사회연구(Health and Social Welfare Review) 31(4): 382-404, p.382.

자연환경보전 문제에 대해 너무 안일해 여전히 인위적 훼손과 자연환경 파괴가 발생하고 있다. 인위적 훼손을 보면, 우리나라는 자연환경과 산업 발달이 균형을 이루지 못하고 있다. 급성장한 산업에 견주어 볼 때 자연환경보전은 자체적으로 수준이 떨어질 뿐 아니라, 다른 나라의 자연환경보전에 비해서도 상당히 뒤처졌다는 것을 알 수 있다.

국가 경제 발전 전략의 결과로 경제성장은 이루었지만, 정작 이면에는 약 13,000종의 식물과 동물이 과잉 개발, 서식지 파괴, 오염 및 기후변화로 멸종위기에 처해 있다. 생명체는 수명 주기의 상호 의존성을 바탕으로 자원을 공유하는데, 서식지가 현재와 같이 파괴된다면 많은 종이 서로에게 손상을 입힐 뿐 아니라, 개연성을 가지고 서로 영향을 주고받아 멸종을 맞을 수밖에 없다. 그렇다면 인류는 어떻게 되는 것일까? 동물과 식물은 인간의 기억 속에만 존재하고 역사상 가장 심각한 에너지, 음식, 물 부족 현상에 직면하게 될 것이다. 모든 인류가 생존을 위해 투쟁할 때가 다가오고, 당연히 인류도 그 생존 투쟁의 대열에 설 것이다. 그렇다면 자연환경 손상은 어떤 현상을 초래할까? 자연은 퇴화하고 재생한다. 그런데 퇴화는 재생보다 빠르고 쉽다. 게다가 자연환경 재생을 위해 더 많은 질과 양으로 자원을 소비할 수밖에 없다. 자연을 보호하지 않으면 당연한 귀결처럼 인류의 끝도 예측할 수 있는 것이다. 이와 같은 문제를 해결하기 위해서는 일련의 사태를 되짚어보면서 미래 패러다임을 모색해야 한다.

이제부터는 실제 상황을 살펴보기로 하자. 자연환경의 훼손과 파괴가 전 세계적으로 심각한 수준인데, 이것은 인간의 건강과 바로 직결되기에 심각한 논의거리가 되고 있다. 예를 들어 인간의 사망률과 질병률 증가에 대한 역학조사 결과를 보면, 이제까지 알려진 것보다 훨씬 작은 미립자와 관련 있는 것으로 나타났다. 이것은 주로 연료에서 방출되는 입자물질이 원인이었다.[137]

미국 경제 호황기에 플로리다주 해안의 독수리는 새끼 수가 급감했는데, 독수리들이 교배에 무관심해 어떤 구애의 몸짓도 하지 않았기 때문이다. 1950년대 후반에는 독수리 수가 거의 80퍼센트 감소했다. 그 무렵 영국은 전통적으로 수달을 사냥했다. 그 결과 1950년대 후반 이후 영국에서는 수달을 찾기가 어려워졌다. 1950년대 미국 밍크 사육사들도 호경기를 누렸다. 그러나 1960년대 초 밍크 산업은 불황을 겪기 시작했다. 밍크 암컷이 새끼를 낳지 못했기 때문이다. 1960년대 후반 많은 밍크 암컷이 새끼를 갖지 못하게 되었고, 나머지도 곧 새끼를 잃었다. 1970년 미국 온타리오주 북부 제도는 갈매기가 놀라운 풍경을 연출했다. 그런데 1970년대 중반부터 갈매기들이 점차 부화되지 않는 알을 낳았고, 버려진 둥지에서 새끼들이 죽어갔다. 부화되기 전 80퍼센트의 알이 이미 죽은 상태였다. 새끼들은 환경오염으로 발이

137) Energy at the crossroads: global perspectives and uncertainties, Smil, Vaclav (2003), 허은녕, 김태유, 이수갑 역 (2008), 창비, p.151.

줄어들거나 부리가 뒤틀린 상태로 죽었다.

악어도 예외는 아니어서 피할 수 없는 위기 상황에 직면했다. 플로리다주 최대 호수 가운데 하나인 어팝카Apopka 호수 주변은 습지가 자리해 악어들의 천국이다. 1980년대 악어의 90퍼센트가 알을 낳았는데 부화율은 18퍼센트에 불과했으며, 그 가운데 절반은 죽고 말았다. 1988년 봄 스웨덴과 덴마크 사이의 작은 해협에 자리한 안홀트섬Anholt Island에서는 바다표범 몰살 사건이 일어났다. 1990년대 초에는 스페인 발렌시아 바닷가에 줄무늬돌고래 떼의 사체가 밀려왔고, 그것이 7~8월에는 스페인 북쪽 카탈로니아와 마요르카 해안은 물론, 프랑스와 이탈리아 해안까지 퍼졌다. 이듬해인 1991년 여름에는 치명적인 질병이 남이탈리아에서 발생했는데 이로 인해 죽은 줄무늬돌고래 수가 공식 통계로 1,100마리나 되었다.

이러한 자연생태계의 재앙은 인간을 예외로 두지 않는다. 자연생태계의 이 같은 현상은 곧바로 인류의 재앙으로 연결되고 있다. 1992년 덴마크 코펜하겐대학교의 생식 연구자인 닐스 스카케바크Nils Skakeback는 남성의 정자 수 감소와 기형 증가 현상에 대해 발표했다. 1938년에 비해 1990년 남성의 정자 수가 50퍼센트나 감소한 것이다. 이는 상대적으로 고환암 발병을 급격히 증가시켰고, 인류의 멸종이 다가오고 있다는 것을 증명하는 사례이기도 하다. 이러한 사태는 자연환경오염에서 비롯되었다. 무절제한 음식물 쓰레기와 공장 폐수,

플라스틱 사용은 물론, 각종 화학 첨가제와 색소를 넣은 음식, 화학제품이 원인이다. 여기서 나온 환경호르몬이 생식기관과 갑상샘뿐 아니라, 신장과 뇌하수체 등에도 영향을 미친다. 그리고 생식기에 이상신호를 보내 기형 또는 불임이 된다. 이런 불임이 남성에게 50년만 지속된다면 인류는 멸종을 맞이할 것으로 예측된다.

　이 같은 어두운 전망에도 해결책은 있다. 자연환경보전 패러다임의 전환이다. 그중 하나로 유기적 고유 가치에 대한 연구로서 유기적 가치의 한 영역인 자원순환사회를 제시할 수 있다. 예를 들면 기후변화는 환경오염으로 인한 문제다. 실제로 환경오염은 기후를 변화시켰으며 지구온난화를 야기해 우리를 위기 상황에 내몰고 있다. 이에 따라 관련 해결책이 마련되었고, 191개국이 오존층 파괴 물질의 규제에 관한 국제협약인 '몬트리올 의정서'에 서명했으며, 그 시행으로 대기 염화불화탄소CFC[138]가 크게 줄어들었다. 2024년까지 점차 감소하고, 2050년까지 1980년 이전 수준으로 회복할 것으로 예상된다.[139] 현재 선호도가 높은 옥상정원 만들기,[140] 지구온난화를 방지하는 재테

---

138) 염화불화탄소(chlorofluorocarbons: CFCs)는 탄소, 염소, 플루오린이 포함된 유기 화합물을 가리키며, 메탄과 에테인의 휘발성 파생물로 생성된다. CFC는 오존 분자에 직접 염소를 전달하기 때문에 오존층에 치명적인 요소다. 태양의 자외선 때문에 CFC에서 염소가 떨어져 나와 오존 분자를 파괴하고 오존층에 구멍을 만드는 것이다.
139) 국가지속가능발전위원회 (2009), 50 Simple Steps to Save the Earth from Gloval Warming, Green Patriot Working Group, 도요새, p.14.
140) Ibid., p.112.

크,[141] 친환경 정원사로 거듭나기,[142] 특히 유기농 비료 사용과 친환경 해충 관리, 제초제 사용하지 않기, 잔디밭 면적 줄이기, 금잔화 심기, 나무 심기, 토종 식물 기르기 등은 누구나 할 수 있는 자연보호 활동이다.

자연환경을 보호 또는 복원하고, 생물다양성을 높이고자 자연을 조성하고 관리하며, 자연환경의 지속가능한 이용 등을 위해 학계와 문화계, 사회에서 다양한 자연환경보전 전략 및 정책을 마련해 추진하고 있다. 이러한 추진 활동이 실효를 거두기 위해서는 사회 전반의 유기적 관계가 중요하다. 이에 지속가능한 발전과 확산을 위해, 그리고 미래의 새로운 비전을 위해 세계는 지금 여러 사회운동과 연합을 구축해가고 있다.[143]

자연환경과 산업의 연합을 통해 자연환경보전 활동이 기업, 정부, 민간, 학계, 문화, 교육 등으로 확대되어야 하며 범위와 부문, 유형 또한 연계되고 연합되어야 할 것이다. 무엇보다 개인의 일상에서 이루어지는 자연환경보전이 되어야 한다. 자연환경보전을 실천하는 생태적 삶이 일상이 되어야 한다는 뜻이다.[144] 그러기 위해서는 이제부터라도

141) Ibid., p.180.
142) Ibid., p.88.
143) Andres R. Edwards, & David W. Orr (2010), (FRW), The Sustainability Revolution: Portrait of a Paradigm Shift (2005), 오수길 역 (2010), 시스테마, p.163.
144) 정홍규 (2015), 한국 가톨릭교회의 생태의식, 학이사, p.220.

자연의 유기 네트워크를 고려하면서 살아야 한다. 이것은 완고한 삶이나 유연성의 부족이 아니라, 현 상황에서 지구 전체 생태계를 생각할 수 있는 가장 좋은 방법을 선택하는 삶이다. 지구 전체를 생각하는 삶을 넘어, 수천 년이 지난 미래세대의 삶까지 생각하며 살아야 한다.

자연이 살아야 우리가 산다 ①

    우리는 성장, 발전보다 인간의 행복이 우선시되는 사회를 살고 있다. 고도성장이 반드시 우리의 행복을 보장하는 것은 아니다. 편의주의가 행복을 채워주는 것도 아니다. 인간의 행복을 반영하지 않는 성장, 발전은 풍요로운 삶을 약속할 수 없다. 우리는 성장, 발전과 자연환경 훼손이 얽힌 고리를 끊는 새로운 접근법을 모색해야 한다. 자연이 살아야 우리가 살 수 있기 때문이다.

    '자연이 산다'는 것은 '살려준다'는 의미가 아니라, 자연을 유기체 자체로 인정한다는 뜻이다. 인간이 주체가 아닌 자연이 주체인 '산다'의 의미는 유기체적 내재가치에 기반한 자연환경보전의 미래 패러다임을 가져야 한다는 것이고, 존재론적 패러다임의 변화를 찾을 수 있어야 한다는 것이다.

그러기 위해서는 자연환경의 자정능력을 강화해 자율성, 유능성, 관계성을 새롭게 조명함으로써 미래세대를 위한 존재론적 패러다임 전환 모색이 대안으로 자리매김해야 한다. 이는 자연환경이 유기체적 고유의 본질적 가치와 자생력, 자정능력을 가지고 있기에 가능한 일이다.

자연은 분리되지 않고 상호작용하는 유기체적 순환 시스템을 통해 해로운 물질을 흡수, 분해한 뒤 인간에게 필요한 요소들을 제공한다. 이와 같이 자연은 인간과 공존하면서 인간 삶의 질을 풍요롭게 하는 역할을 한다. 그러나 문명이 발달함에 따라 그 본래의 모습이 훼손되었고, 원상태로 회복되는 것이 거의 불가능하거나 회복된다 하더라도 오랜 기간이 지나야 한다. 그것에 대한 경제적 부담은 예측하기가 힘들다. 더불어 과학 문명이나 경제성장은 인간 삶의 질을 제한적으로 향상시키지만, 자연환경은 인간을 지속적으로 성장시킨다. 따라서 문

자연은 자정능력을
가지고 있다.

명 발전에 비추어 자연환경의 보존과 보호는 불가피하다. 미래 지속
가능한 자연환경을 위해서는 자연환경보전과 경제성장이 대립이 아
닌 통합을 이루어야 한다.

　하지만 현실은 자연환경보전 문제에 대해 지나치리만큼 느슨한 태
도와 다소 이기적인 편안함을 추구하려는 모습을 보이고 있다. 그렇
다 보니 자연환경 훼손 대책은 늘 부족하고 지엽적인 자연보호운동
범주에서 벗어나지 못하고 있다. 이러한 실태는 무엇보다 자연환경보
전을 위한 패러다임 전환에서 자연환경의 본래적이고 근원적인 내재
가치를 인정하지 않기 때문이다.

자연이 살아야 우리가 산다 ②

자연환경보전을 위한 미래 패러다임을 전환하는 것은 불가피한 과제다. 자연환경보전에 대한 새로운 패러다임은 보호와 보존이라는 핵심 요소가 포함된 인식 전환에서 시작되어야 한다. 다시 말해 보호와 보존의 모든 영역을 구체적으로 존재론적 관점에서 재조명하는 데서 시작해야 하는 것이다. 그런 다음 '인위적 자연보호 활동'에서 자연환경의 유기체적 가치를 인정하고 활용하는 보호와 보존으로의 변환을 모색해야 한다.

이는 비단 자연보호운동가들과 자연의 혜택을 받는 인간에게만 해당하는 문제가 아니다. 우리 모두 이전의 자연보호에서 중요시해오던 자연과 인간의 관계에서, 그리고 훼손을 막고 원상태로 회복하는 것을 넘어 메타적 관점에서 생태계 자체를 고려해야 한다. 이 말은 자연

자연환경의
자율성, 유능성, 관계성을
주목해야 한다.

과 자연, 그리고 자연과 인류가 조금 더 발전해야 한다는 뜻이다.

이와 관련해 자연환경보전 관점에서 자연환경의 자정력 강화를 위해 자율성, 유능성, 관계성을 새롭게 조명함으로써 다음 미래세대를 위한 존재론적 패러다임 전환 모색에서 대안을 찾고자 한다. 즉 유기체적 가치 영역인 △자연 그 자체 △인간의 영역 △자연환경보전 활동으로서 메시지 △유기체적 자연환경보전 활동의 실제 시연을 위한 전달 방법 영역 전반에 걸쳐 유기체적 가치화 과정을 통한 자연환경보전이 이루어져야 한다.

유기체적 가치화 과정을 통해 존재론적 패러다임을 모색할 때는 첫째, 자연환경이 가지고 있는 내재가치를 인정하는 자연환경보전의 자율성을 고려해야 한다. 개발이나 무절제한 사용에서 빚어진 자연의 오용과 남용을 막아야 하는 것은 당연하다. 자연환경보전에서 자연보호운동 같은 외부 활동도 필요하지만 우선시되어야 할 것은 자연환경 자체를 그대로 인정하고 수용하는 일이다. 이는 인위적 활동에 앞서 자연환경의 자체적 자정력을 인정하는 것이다.

정원과 숲을 대비해 설명해보면 이해가 빠를 것이다. 정원의 나무는 정원사가 가꾼다. 해충을 잡아주고 적절한 시기에 물을 주며 영양분을 제공한다. 성장을 위해 버팀목을 만들어주고 불필요한 가지는 제거하기 때문에 시각적인 아름다움도 한껏 표현할 수 있다. 그렇다면 숲속 나무는 어떤가. 숲속 나무는 가지치기를 해주는 이도, 물을 주는 이도, 해충을 제거해주는 이도 없다. 스스로 자생하고 도태하며 순환의 사슬을 이어가면서 숲이라는 거대 틀을 만들어내 장관이라는 이름이 붙는다. 자연환경보전의 자율성을 이와 같이 표현한다면 자연환경보전은 숲이라는 전체를 통해 나무가 자신의 자율성을 한껏 나타내도록 하는 것이다. 이를 위해 인류가 할 수 있는 일이 무엇일까? 인류는 인정하고 기다리며 지켜보고 경험하면 된다. 자연환경의 자율성은 자연의 가치를 있는 그대로 인정하는 것이기 때문이다.

둘째, 생태계 순환 과정은 자연환경의 유능성으로 이루어질 수 있다. 그런데 생태계 순환에 대한 인간의 무지는 무분별하게 자원을 개발하기에 이르렀고, 지나친 오염물질을 배출하며 자연의 자정능력을 초과해버렸다. 또한 자연환경 전체의 질서를 파괴해 인류 사회를 위험에 빠뜨렸다. 이런 현실에서 자연보호운동으로 자연환경의 자정능력을 회복시킨다는 것은 한계가 분명한 노력일 뿐이다. 자연환경은 근원적으로 보존력을 가지고 있기에 생태계가 스스로 자체 능력을 확산할 수 있도록, 그리고 순응적이 될 수 있도록 해줘야 한다. 단, 자연환경의 유능성은 관계성이 형성될 때 더욱 가능해진다.

셋째, 자연환경과 인간은 공존 관계여야 한다. 관계성을 말하는 것이다. 자연환경과 인간의 관계는 독자성을 주장하지 않고, 상호 간 중심성도 주장하지 않는 공존의 관계가 바람직하다. 자연이 인간을, 인간이 자연을 지배도 종속도 하지 않는, 공존 관계를 유지해야만 인간의 비인간화와 자연의 비자연화를 극복할 수 있다. 그리고 인간을 인간답게, 자연환경을 자연환경답게 보존할 수 있다. 이는 더욱이 분리 개념도 아니다. 자연과 자연, 자연과 인간은 친화성과 친밀성을 유지해야 한다. 그럴 때만이 자연환경보전도 가능하다.

인간을 총체적 유기체로 본다면 자연을 자의적으로 훼손해서는 안 된다. 이는 곧 자연환경이 인간의 이용물로만 보존되고 보호되어야 한다는 사상은 옳지 않다는 뜻이다. 공존 관계라는 측면에서 봐야 한다. 지구온난화를 막기 위해 이산화탄소 배출을 줄여나가야 하고, 이산화탄소 배출을 줄이려면 폐기물을 줄여야 하며, 폐기물을 줄이려면 자원순환사회가 되어야 한다. 이것은 자연환경에서 확장된 복원력 개념이라고 할 수 있다. 다시 말해 자연환경보전을 위한 환경오염 방지와 생태계 유지를 위한 연결성, 회수성, 회복성과 개연성이 유지되어야 하는 것이다.

앞에서도 여러 번 언급했지만 다시 한 번 강조하면, 자연환경보전을 위한 자율성, 유능성, 관계성을 바탕으로 미래세대의 자산이 되는 자연을 물려주고 그것을 가능케 하는 방법은 바로 자원재활용사회를 이루는 것이다.

에필로그

패러다임 전환

인류 역사를 통틀어 우리는 늘 자연을 이용하며 살아왔다. 자연생태계를 보호하면서 이용한 적도 있지만 때로는 무리하게, 또 때로는 불가피하게 이용함으로써 자연이 크게 훼손되었다. 그런데 이러한 자연 이용과 훼손은 앞으로도 지속될 전망이다. 자연이 계속해서 훼손되는 현상은 인류에게 위협이 되고 있다. 따라서 우리는 대응책을 찾아야 한다. 불필요한 이용은 줄이고, 과도한 이용은 자제하며, 훼손된 자연을 치유하고, 자연생태계의 유기성을 유지하며, 복원을 우선시하는 자연환경보전을 추구해 미래세대의 유산이 되게 해야 한다.

자연을 유지하는 자연환경보전의 새로운 패러다임 모색으로 자연환경의 유기체적 가치에 대해 말하고자 한다.

첫째, 지구온난화와 지구 열화 시대에 필요한 자연환경보전은 유기체적 가치를 바탕으로 해야 한다. 둘째, 자연환경보전 전문가들은 이제 존재론적 자연환경보전 패러다임을 모색해 자연환경을 미래세대

자연과 더불어 사는
우리의 삶은 즐거움이다.

의 유산으로 남겨야 한다. 셋째, 자연환경 활동가들도 활동의 역동성에 힘을 실어 현상학적 장에서 연구를 시작해야 한다. 넷째, 자연환경보전 연구는 자연과학계와 인문학계뿐 아니라, 자연보호 참여자들도 함께해나가야 한다.

'인간이 자연을 보호하고 유지하며 보존해야 할 당위성이 있는가?'라는 명제논리를 따지면, 자연보호는 인류 존재의 문제이므로 자연환경보전은 인간과 자연의 필연성이자 곧 당위성이다. 나는 20여 년간 사단법인 자연보호중앙연맹에 몸담아 자연을 보존하고 환경을 보호하기 위해 많은 프로그램을 활용하고 실천해왔다. 그러나 그 결과가 개인적 영역의 변화에 그치고 만다는 것에 한계를 느꼈다. 거시적이고 미래적인 효과를 기대했지만 결국 자원봉사 활동으로 얻은 결과는 개인의 자아존중감과 삶의 만족도에 미치는 영향 정도에 국한된다는 현실적 상황에 봉착하게 되었다. 그리고 여전히 자연환경 위기는 진행되고 있고, 시간이 갈수록 전 지구적으로 고심이 깊어지고 있다. 이래서는 미래세대에게 건강한 자연을 물려주기 어렵고, 나아가 예측되는 인류 종말에 속수무책일 수밖에 없다. 이에 연구자로서 진솔하고 겸허한 입장에서 자연환경을 경외하며 학자적 양심에 따라 순수한 열정을 다해 이 글을 썼다. 그러나 여전히 아쉬움을 느낀다.

변화와 희망

우리는 안락한 생활을 위해 필요한 것들을 대부분 자연환경에서 가져온다. 나무에서 종이를 가져오고, 석유에서 옷을 가져오며, 산을 잘라 고속도로를 낸다.

깨끗한 옷을 입어야 하고, 벌레 먹지 않은 과일을 먹어야 하고, 세균 감염을 막기 위해 일회용품을 사용해야 하고, 추위를 막기 위해 따뜻한 방에서 자야 하고, 목을 축이기 위해 시원한 냉장고에서 음료를 꺼내 마셔야 한다. 우리의 필요를 채우는 과정에서 자연환경은 지속적으로 훼손되고 파괴된다. 자연환경의 도움 없이는 생존 자체가 불가능한 존재가 인간이다. 하지만 우리의 일상은 자연환경을 훼손하고 파괴할 수밖에 없는 불가피한 상황과 연관되어 있기도 하다.

인류와 자연이 모두
조화롭게 함께할 수 있는
패러다임이 희망이다.

우리는 불명확하며 비관적인 시대를 살고 있다. 그러나 자연은 명확하게 눈에 보이고, 또 낙관적 관점에서 바라볼 수 있다. 인류의 희망은 자연과 인간이 공존하는 미래를 이루는 데 있다. 인간이 자연의 주인일 수 없고, 자연이 인간의 부속물일 수 없다. 그렇다고 서로 분리되어서도 안 된다.

자연과 인간을 비롯해 지구상의 모든 생명이 평화롭게 공존하는 자연환경보전이 필요하다. 우리는 어느 순간부터 유일한 삶의 터전인 자연을 우리 스스로 점점 망가뜨리고 있다. 일상생활에서의 변화가 절실하다.

이에 여기에서는 자연과학 영역과 법제적 영역인 개념 연구, 시뮬레이션, 사례 연구 등은 뒤로하고 자연보호 활동의 변화 과제에 대해 말하고자 한다.

먼저 교육적 차원에서 보면, 국민을 대상으로 한 전반적인 자연환경보전 교육이 부족하다. 자연환경의 이해와 관련해서는 여전히 피상적이고 기계론적 관점에서 보는 교육이 주를 이루고 있다. 자연을 하나의 유기체로 이해하는 유기체적 자연환경에 대한 교육이 절대적으로 필요하다. 이를 위해서는 첫째, 자연과 환경에 대한 정규교육 프로그램이 지속적으로 이어져야 한다. 둘째, 자연환경보전을 위한 가시화된 인재 양성기관이 있어야 한다. 셋째, 자연환경을 접할 수 있는 현장 체험 교육이 확산되어야 한다. 유아, 청소년, 청년, 성인 등 특정 연령층에 국한한 교육이 아니라, 범국민적 차원에서 자연을 유기체로 이해하는 관점을 가질 수 있도록 교육이 이루어져야 한다. 그래야 비로소 존재론적 자연환경보전이 가능해진다.

미디어의 한계도 있다. 현대는 미디어 시대다. 우리나라에는 아직 자연환경 관련 교육과 자연환경보전을 위한 홍보프로그램을 다루는 전문 언론매체가 없다. 최근 대형매체와 중형매체의 틈바구니에서 새롭게 등장한 대안매체가 호평받고 있다. 이러한 때에 맞춰 자연환경 전문 미디어의 필요성도 절실히 요구된다.

그리고 가장 중요한 문제인 자연보호 활동의 한계를 넘어서야 한다. 이는 자연보호운동의 구체적인 한계를 말하는 것으로 첫째, 자연보호운동에 필요한 재정이 부족하다. 둘째, 정부나 교육 및 미디어 수준에서 언급되는 제한은 보존주의자에게 직접적인 영향을 미친다. 이러한 영향은 활동가들로 하여금 존재론적 접근을 추상적 개념으로 받아들이게 한다. 추상적 개념 인식은 이전 활동을 그대로 답습하게 해 구태의연한 수준에 머무르게 한다. 셋째, 자연보호운동을 특정 수준 또는 국소적 수준에 멈추어 있게 한다. 이는 존재론적 패러다임이라는 과제를 정부·민간·공동체·개인이 상호 보완하며 연계 차원에서 수용하고 진행하지 않는 이상 자연보호 활동의 범위가 지엽적인 것으로 축소될 수밖에 없게 하는 주요인이 된다.

소 한 마리가 120킬로그램의 메탄가스를 만들어낸다는 통계와 사람 20인분의 수질오염물질을 배출한다는 통계에 의하면, 소 한 마리로부터 매년 오염물질이 14.6톤씩 나오고, 이 양은 자동차 10대에서 나오는 배출량에 달한다.

기업화된 농축산업, 친환경농법이 있음에도 질소 같은 화학비료를 선호하는 화학공법 농가, 그리고 편의만 추구하며 산업사회에 편승한 인간의 삶을 보면서 자조적인 반성을 하고 새로운 자연도 꿈꾸고 있다. 이 모든 것이 소비적 동물인 인간이 산업사회의 편의에 의해 발생시킨 시대적 오류로, 시대정신에 경각심을 가지고 자조적인 반성에서 다시 출발해야 한다.

유기체적 내재가치에 기반한 자연환경보전의 새로운 패러다임을 추진하느냐, 못 하느냐가 자연환경을 보전하느냐, 여전히 훼손되게 하느냐를 결정한다. 우리 모두 자연환경보전의 새로운 패러다임이 지구의, 국가의, 기업의, 국민의 앞날을 좌우하게 될 것이라는 인식을 가져야 한다. 그리고 근시안적이고 편협한 편의주의에서 벗어나 미래 지속가능한 자연환경보전을 위해 생활방식을 바꾸어나가야 한다. 또한 중앙정부와 지방정부, 개인 모두가 자연환경보전의 위기 심각성을 재고하고 교육과 홍보, 활동에 중점을 둔다면 미래세대를 위한 지속가능한 자연환경보전은 가능할 것이다. 일상에서 대안을 찾아 실천하는 것이 특히 중요하다. 이 일을 지금 우리가 시작하자.

우리는 현재 모두가 함께하는, 모두를 위한 에너지 전환 시대를 맞이하고 있다. 에너지 시민이 되어 '내가 쓰는 에너지는 내가 생산한다' 는 정신으로 천연자원을 보존하는 활동이 필요하다. 이러한 활동은 특히 자연보호 활동에 파급력이 있을 것이다. 자연생태계는 시간의 흐름과 계절성에 달려 있는데, 멸종위기종 보전의 상징이 바로 자이언트판다(대왕판다)이다. 판다의 멸종을 우여곡절 끝에 간신히 막았지만 여전히 위험한 수준이다. 벌채, 인간의 침범, 도로 건설, 기업화된 농업, 여기에다 기후변화까지 더해져 생물종은 늘 멸종 위험에 처해 있다. 이러한 멸종 위험은 비단 동물뿐 아니라, 인간을 향한 경고이기도 하다.

인류와 자연을 포함하고 있는 지구는 하나의 유기체로 작용한다. 동물도 식물도 우리 인간처럼 항상성을 지니고 있어 늘 균형을 유지하려는 경향을 보인다. 이제 우리는 생태계의 서식지 파편화를 멈춰야 하고, 자연생태계의 유기체적 내재가치를 살려 새로운 자연의 모습을 찾아야 한다.

자연이 내는 경고음에 귀 기울여야 한다

우리는 이제까지 한 번도 경험하지 못한 극심한 공포로 꽁꽁 얼어붙어 있다. 2020년 코로나19 사태는 전 세계를 공포에 떨게 하며 전 인류를 위기로 몰아넣고 말았다.

코로나19 사태는 바이러스의 변종으로 생긴 재앙이다. 그런데 여기에는 많은 예측이 따른다. 호주의 대규모 산불, 기록적인 가뭄, 무모한 개발과 성장, 그리고 그에 따른 기후변화와 환경오염, 오존층 파괴 등을 말하면서 코로나19 사태가 지속될 것이라고 예측한다. 기후변화가 감염병 확산을 부르는 현실에서 우리가 알아야 할 사실은 이것이 곧 자연이 인류에게 주는 경고라는 점이다. 우리가 깊이 고민하고 더 늦기 전에 자연환경보전의 근본을 되돌아봐야 하는 이유다.

우리는 자연을 끝없이 이어지는 무한의 모습으로 여긴다. 자연이 우리에게 주는 너그러움은 상상을 초월하는 것으로, 인간의 건강을 위한 최후의 보루라고 믿고 있다. 자연과 인간, 우리의 미래세대를 모두 아우를 수 있는 공존의 터전이 필요하다. 그럼에도 우리는 자연을 보

자연은 인류의 보루다.

호하는 일에 무감각하다. 꽃을 보면 아름답다고 감탄하고, 싱그러운 열매를 보면 탐스럽다고 경탄한다. 한줄기 소나기가 내리면 해갈되는 가뭄에 감사하고, 내리쬐는 태양에 젊음을 불태운다. 하지만 자연이 어디로 치닫고 있는지, 자연이 어떤 상태인지 무감각하게 즐기는 것에만 빠져 있다.

자연환경이 훼손되고 파괴되는 것을 막아내지 못한다면 자연생태계는 붕괴될 테고, 결국 멸종을 맞이하게 될 것이다. 그런데 이것이 자연생태계에만 그치는 것이 아니다. 우리의 생존도 장담할 수 없게 된다. 따라서 자연을 보호하는 것이 곧 우리 자신을 보호하는 유일한 방법이다. 인류의 보루인 자연을 지키는 일은 결국 우리의 몫이다. 인간 따로, 자연 따로, 둘 사이에 건널 수 없는 강이 흐르는 것이 아니다. 자연과 인간, 인간과 자연은 하나로 연결되어 있다.

자연을 사랑하는 사람으로서 자연환경을 보전하고자 열정을 가지고 논문을 썼고, 이어 글로 표현했다. 이제 우리는 미래세대에 대한 긍정적인 생각으로 인간과 자연의 공존을 기대하며 희망을 가지고 다시 무언가를 해야 할 때다.

부록

Ⅰ. 기후변화와 자연환경

새들의 덩치가 작아지고 있다. 날씨가 더워지면서 새들의 덩치는 작아지고 날개폭은 커졌다. 기후변화에 대처하는 방법으로 새들은 이처럼 이동에 필요한 에너지를 줄이고 있다. 새들도 기후변화 대응책을 실행하고 있는 것이다.

기후변화는 왜 인류를 위협하는가? 지구온난화는 생태계 변이와 변화를 가져와 필수적인 자연자원에 큰 영향을 미치고 인도적 위기, 국제적 정치 불안, 기아, 빈곤, 갈등을 초래한다. 기후변화는 인류의 생존에 직접적인 위협이 된다. 이 위협은 생활 전반에 영향을 미쳐 국가 안보는 물론이고, 국제 정세에도 불안을 조성해 예상 밖의 충돌이 발생할 가능성이 커진다. 이에 각국 국방부는 21세기의 변화에 대응하고자 대책을 마련 중이다. 우리나라도 예외는 아니다.

한국은 고온 극한 현상 일수는 늘고 저온 극한 현상 일수는 줄고 있다. 〈기후변화백서〉(2018)의 기후변화 대응 동향을 살펴보면, 기상청 등 관계 부처가 합동으로 발간한 보고서에서 우리나라는 2018년 봄, 여름, 가을, 겨울 사계절 모두 이상기후를 보였다. 겨울철인 1월 말부터 2월 중순까지는 찬 공기의 유입으로 강한 한파가 닥쳤고 가뭄이 발생해 강원도 속초, 울산광역시 등에서는 물 사용에 불편을 겪었다. 봄철인 3월에는 온난다습한 공기의 유입으로 기온이 높았으며 비가 잦았다. 여름철인 6~7월 장마 기간은 관측 이래 두 번째로 짧았으며 7월부터는 폭염과 열대야가 극심했다. 특히 2017년 8월에는 강원도 홍천의 최고 기온이 섭씨 41도로 우리나라 관측 역사상 가장 높았으며, 서울은 1907년 관측 시작 이래 39.6도로 최고 기온을 기록했다.

기후변화는 단순히 기온의 문제가 아니다. 자연환경의 변화를 가져오기 때문에 위기가 되는 것이다. 생태계 변화는 인간에게 가장 필요한 식량, 물, 날씨 등에 위험을 수반하고 이는 곧바로 미래세대에게 물려줄 자연환경 문제로 전 지구적 위기를 초래할 수밖에 없다.

삶의 방식에 답이 있다. 기후변화는 자연생태계에 크게 영향을 미친다. 자연생태계의 위기는 곧 인류 문명의 위기가 된다. 그런데 자연생태계의 위기 근원은 인간에게 있다. 특히 인간의 삶의 방식에 의해 초래되었다. 따라서 위기의 원인이 인간에게 있으므로 극복 방안도 인간에게 있는 것이다.

인류의 대변혁은 산업사회가 되면서부터다. 그런데 산업화는 자연자원을 이용하지 않으면 불가능한 일이다. 그래서 산업화가 진행되면 될수록 자연환경 재해는 심각해질 수밖에 없다. 숲의 벌목, 쓰레기와 폐수, 배기가스, 소음, 산업시설과 도로, 철도 개발, 운하 개발, 토지

의 변형, 화학품 사용 등 모든 산업화는 자연환경의 심각한 훼손 요인
이기 때문이다.

기후변화가 생물종에 미치는 영향은 〈그림 25〉에, 종이 기후변화
에 반응하는 양상은 〈그림 26〉에 나타나 있다.

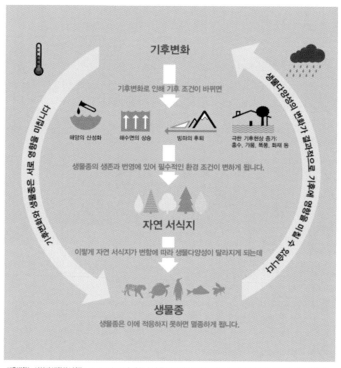

기후변화는 서식지 변화와 남획(over-exploitation), 오염, 외래 유입종 등과 같이 생물다양성의 파괴를 야기하는 여타 요소들의 영향을
더욱 악화시킬 것이다(Field et al., 2014).
출처: 지구생명보고서 2014

〈그림 25〉 기후변화가 생물종에 미치는 영향

기후변화가 생물종에 미치는 영향은 곧 인류의 위기이기에, 더 늦기 전에 우리의 삶의 방식에서 답을 찾고 그 답을 실천해야 한다. 이에 기후변화와 자연환경 변화에 따른 생태계의 장기적인 변화를 예측하고, 자연환경보전을 위한 생태계 관리 방안으로 '국가장기생태

IPCC의 2014 평가보고서(2014 Assessment Report)에서는 많은 육상·담수·해양 생물의 지리적 행동 반경이 기후변화에 대응하여 이미 변화했다는 점에 주목하고 있는 반면 일부 생물은 그 대응 속도가 느려서 기후변화에 맞추어 적응하는 것이 불가능할 수도 있다.
출처: 지구생명보고서 2014

〈그림 26〉 종이 기후변화에 반응하는 양상

연구사업'을 지속적으로 행하고 있다.

생태계 변화로 인한 가장 심각한 피해는 인류에게 닥칠 것이다. 우리는 기후변화의 원인 제공자이면서 피해자이기도 하다. 우리를 살아가게 하는 맑은 공기, 깨끗한 식수, 충분한 음식, 안전한 주거 등은 자연이 보호되지 않는 순간 삶의 존립에 위협을 가하게 된다.

이는 세계 사회에 긴장과 갈등의 씨앗이 될 것이고, 파국으로 치닫게 될 것이다. 이미 그러한 곳도 있다. 바누아투, 파푸아뉴기니 같은 국가다. 해수면 상승을 우려한 주민들은 이주를 시작했고, 계속해서 이러한 기후변화가 지속된다면 이주민의 수는 더욱 늘어날 것이며, 국제 정세는 전 지구적 고민으로 심각한 위기를 불러올 것이다.

우리의 먹거리인 농업 생산량에도 점점 부정적인 영향이 크게 나타날 것이다. 지난 몇 년간 미국, 러시아, 파키스탄, 인도, 북서유럽 등지를 덮친 폭염과 홍수가 일상화될 것이고, 사망자가 속출할 것이며, 감염병의 전파 패턴이 변하게 될 것이라고 세계보건기구WHO도 경고했다.

우리가 막아내지 못하는 자연재해는 더 심각한 인류의 피해다. 홍수, 산사태나 눈사태, 토사 유출, 산불 같은 자연재해는 인간이 절대 막을 수 없기 때문이다. 최근과 같은 사태가 지속된다면 인류의 절반 이상이 심각한 영향을 받을 수 있다는 예측도 있다.

Ⅱ. 생태하천 복원사업 우수 사례¹⁴⁵⁾

환경부는 '2017년도 생태하천 복원사업 우수 사례 경연' 결과를 발표했다. 최우수 하천으로 경기도 성남시 탄천이 선정되었고, 충청남도 아산시 온천천과 경기도 오산시 오산천은 우수상, 경기도 부천시 심곡천과 수원시 서호천, 경상남도 창원시 창원천·남천은 장려상을 받았다.

성남시 탄천은 1990년대 분당 택지개발을 추진하면서 하천의 침식

경기도 성남시 탄천 복원 전후 모습

145) http://me.go.kr/home/web/main.do (환경부2017)

을 막기 위해 설치한 콘크리트 호안 때문에 생태계가 훼손되었으나 지역주민들과 함께 노력해 자연이 살아 있는 건강한 하천으로 회복된 대표적 사례로 평가받았다.

수질은 2005년 BOD(생물화학적산소요구량) 5.2mg/ℓ (약간 나쁨, Ⅳ등급)에서 2016년 2.1mg/ℓ (약간 좋음, Ⅱ등급)로 개선되었고, 멸종위기 야생생물 Ⅱ급인 금개구리와 2급수 지표종인 은어가 서식하게 되었다.

아산시 온천천은 도시화로 복개된 콘크리트 구조물을 철거하고, 깨끗한 물 공급을 통해 수질이 20016년 BOD 0.8mg/ℓ (Ⅰa등급)로 개선(2005년 BOD 45.5mg/ℓ)되었고, 생활악취가 심했던 하천은 물고기(피라미 등 7종)와 양서류(참개구리 등 17종), 조류(붉은머리오목눈이 등 7종) 등이 돌아오는 수생태 건강성이 좋은 곳이 되었다.

충청남도 아산시 온천천 복원 전후 모습

오산시 오산천은 유입 지류인 대호천과 가상천의 오염물질을 저감시켜 수질을 개선(2005년 BOD 8.2㎎/ℓ → 2016년 BOD 4.0㎎/ℓ)하고, 본류와 지류를 연계한 하천의 종·회적 연속성을 확보해 천연기념물인 원앙과 황조롱이, 멸종위기 야생생물 Ⅱ급인 새매 등 조류의 종 수가 대폭 늘었으며, 어류와 저서생물 등도 종 수가 증가해 생물다양성이 좋아졌다.

부천시 심곡천 등 장려상을 수상한 두 곳 역시 지역과 하천별 특성을 살린 독창적이고 다양한 프로그램을 운영하고 지역주민이 스스로 하천 관리에 참여하는 등 하천의 수질 개선과 수생태계 복원에 최선을 다하는 것으로 평가받았다.

경기도 오산시 오산천 복원 전후 모습

경기도 부천시 심곡천 복원 전후 모습

경기도 수원시 서호천 복원 전후 모습

경상남도 창원시 창원천·남천 복원 전후 모습

Ⅲ. 생태계 보전·복원 사례

대구수목원 복원 사례

대구수목원은 원래 생활쓰레기 매립장이었으나 지하철 공사 과정에서 나온 흙을 7m가량 덮은 뒤 2002년 5월 산림청의 지원을 받아 수목원 안에 전통정원을 조성함으로써 수목원으로 바뀌었다. 조선시대 때 자연을 즐기기 위해 산속에 지은 정원인 '별서정원'처럼 만든 곳으로, 환경부의 자연생태 복원 우수 사례로 선정되었으며, 대구시민뿐 아니라 관광객이 즐겨 찾는 공원이 되었다. 대구수목원은 언제 어느 때 방문해도 아름다운 꽃을 볼 수 있다. 특히 3월 춘란, 4~5월 야생화, 10월 국화 전시는 찾는 이의 기쁨을 배가한다.

야생초화원

분재원

정자와 연못, 꽃동산으로 구성되어 있으며, 수목원 입구에는 동백나무가 170여 그루 심겨 있고 경주 포석정과 같은 모양, 크기의 물도랑도 있다. 전체 총 246,000여㎡에 식물 1,750종 45만 본이 자리하고 있다.

우포늪 복원 사례

경상남도 창녕군 유어면 대대리·세진리, 이방면 안리, 대합면 주매리 일원에 자리한 우포늪은 1930~1940년대 인공 제방을 쌓아 쌀을 생산하기 위한 논으로 만들어졌으며, 1970년대에 들어서면서 개발을

우포늪 전경

목적으로 한 매립공사가 진행되다가 비용과 기술력 부족 등으로 중지되었다. 그 후 1990년대 중반 목포늪 부근에 조성되던 생활쓰레기 매립장 공사가 중단되었는데, 이후 시민단체와 정부의 공동 노력으로 우포늪을 람사르습지로 등록시키려 했으나 지역주민들의 반대로 무산되었다. 시민단체와 정부가 지역주민들을 설득한 끝에 1997년 7월 우포늪은 자연생태계보전지역으로 지정되었다.

우리나라의 람사르습지

우포늪은 국내에서 두 번째로 람사르습지로 등록되었다. 자연생태계보전지역으로 지정되고 람사르습지로 등록된 이후 우포늪은 예전에 비해 훼손이 훨씬 줄어들었다. 사람의 간섭이 적어지자 이곳에서 살아가는 생물이 점점 늘어나고 있는데, 특히 한 종류가 아닌 여러 종류의 새들이 몰려들면서 야생 조류가 많이 모이고 있다. 우포늪 구성은 담수 면적 2.3㎢, 가로 2.5㎞, 세로 1.6㎞이다.

운천 저수지 복원 사례

광주광역시 서구 쌍촌동에 위치한 운천 저수지는 주변의 도시화, 특히 금호·상무지구의 대규모 택지개발 이후 악취와 해충 문제로 매립될 위기에 처했다. 하지만 1995년부터 오·폐수를 차단하고 맑은 물

을 공급해 저수지와 그 주변 74,020㎡의 공간을 동식물이 공존하는 자연생태공원으로 조성했다. 그 결과 생태공원뿐 아니라 지역주민의 휴식공간이 되었다.

저수지의 자정능력 회복으로 해오라기, 왜가리 등 많은 조류가 서식하는 도심지 생태공원으로 변화했으며, 연꽃과 다양한 수생식물이 서식해 시민의 휴식공간 및 어린이들의 자연학습공간으로도 활용되고 있다. 여름에는 홍련이 저수지를 가득 메우고, 논병아리와 흰뺨검둥오리 같은 조류가 찾아들기도 한다.

저수지를 둘러싼 산책로(500m), 조형물, 분수, 실개천, 지압로, 정자 등이 있다.

청계천 복원 사례

서울특별시 종로구 창신동에 있는 청계천은 주변의 복개도로와 고가도로의 안전 문제가 제기되자, 1994~1999년 5년에 걸쳐 남산 1호 터널에서부터 청계천4가까지 길이 2,030m의 상판과 다리기둥, 들보를 보수했다. 2002년 청계천4가에서 성동구 마장동 사이에 이르는 길이 3,834m의 상판을 교체하는 보수 작업을 마쳤다.

청계천 복원사업은 2003년 7월에 시작되었으며, 구간은 종로구 광화문 동아일보사 앞에서 성동구 신답철교까지로 5.8㎞에 이른다. 2005년 10월 1일 2년여의 공사를 마치고 청계천 위에 놓인 총 22개의 다리를 중심으로 〈정조반차도正祖班次圖〉를 비롯한 역사적 자료를 복원해놓은 도심 속 하천으로 새롭게 탄생했다.

2015년 국립수산과학원 중앙내수면연구소에서 조사한 청계천 어류 변화상 보고서에 따르면 몰개, 버들매치 등 4과科 20종種의 어류가 발견되었는데, 붕어와 미꾸리 3~4종만 나온 청계천 복원 전인 2003년 조사 때와는 확연히 달라진 모습이다.

청계천은 길이 10.84km, 유역면적 59.83㎢로 북악산·인왕산·남산 등으로 둘러싸인 서울 분지의 모든 물이 이곳에 모여 동쪽으로 흐르다가 왕십리 밖 살곶이다리箭串橋 근처에서 중랑천中浪川과 합쳐진 뒤 서쪽으로 흐름을 바꾸어 한강으로 빠져나간다.

태화강 복원 사례

　울산광역시 남구 중앙로 201에 위치한 태화강은 죽음의 강으로까지 불린 비극의 강이었으나 지금은 복원되어 울산의 젖줄 역할을 한다. 죽음의 강으로 불린 이유는 1961년 '제1차 경제개발 5개년 계획'에 따라 중화학공업 중심의 공장이 잇따라 건설되고, 시민들이 배출한 생활하수로 심각하게 오염되었기 때문이다.

　2000년대 들어 태화강 살리기가 시작되었는데, 2002년부터 2015년까지 국·시비와 민자 등 9,800여억 원이 투입되었다.

　굴화 하수처리장 건설, 철새공원 조성 등 17개 사업이 완료되었으며, 이런 노력 끝에 울산 보건환경연구원에 따르면 1996년 6등급이던

수질은 2015년 1등급으로 개선될 만큼 결실을 이루었다. 2003년부터 회귀한 연어는 태화강 부활의 대표 사례로 꼽힌다. 회귀 연어는 2003년 5마리에서 2014년 2,098마리로 늘었다.

수원천, 문암골 복원 사례

수원천은 경기도 수원시 광교산에서 시작해 수원시 남쪽을 가로질러 황구지천으로 흘러드는 지방2급의 하천이다. 문암골은 그 상류다.

세계문화유산으로 지정된 수원화성을 관통하는 수원천을 옛 모습 그대로 재현해 상류의 문암골과 이어지는 하천생태계를 복원했다.

수원천 생태체험 등 시민과 학생의 자연학습장으로 활용될 뿐 아

니라, 각종 전시회와 행사 등도 열려 하나의 문화공간으로 자리매김
했다.

특히 문암골 반딧불이 서식지, 광교 저수지, 수원천으로 이어지는
생태축이 만들어졌다. 문암골은 수도권 대도시에 인접해 있음에도
돌담, 토담 등 자연적 취락 구조가 많이 보존되어 매력적인 장소일 뿐
아니라, 농촌마을로서 반딧불이축제가 개최되는 지역이기도 하다.

수원천 길이는 2.72km, 유역면적은 25.80km²이다.

우포늪 복원 사례

습지wetland의 정의와 중요성

1. 습지의 정의

습지에 관한 국제조약인 람사르Ramsar에 따르면, 습지는 물 깊이
6m 이하의 젖은 땅으로 정의된다.

2. 습지의 종류

습지는 내륙습지, 연안습지, 고산습지 등으로 구분된다.

내륙습지는 육지 안에 존재하는 습지로 경상남도 창녕군 우포늪이
대표적이다.

연안습지는 바다에 위치한 습지로 순천만습지가 대표적이다.

고산습지는 산에 위치한 습지로 강원도 용늪이 대표적이다.

논습지는 인간이 만든 대표적인 인공습지다.

3. 습지와 문화

습지는 문화재 보물창고다. 경상남도 창녕군 비봉리 논에서는 약
8000년 전의 배와 약 6000년 전의 노, 그리고 한국 최고最古의 멧돼
지 그림이 그려진 토기와 한국 최초이자 최고의 망태기 등 다양한 문
화재가 발굴되었다. 배와 노 등의 문화재가 습지 안에 있었기 때문에
썩지 않았던 것이다.

사진 : 노용호 박사 제공

우포늪

우포늪은 주민들 사이에서 소벌로 불리던 습지였다. 우포늪 인근에 소목산이라는 산이 있어 그렇게 불렸다.

우포늪의 구성

우포(소벌), 목포(나무벌), 사지포(모래벌), 쪽지벌, 그리고 최근 복원한 산밖벌로 구성되어 있다.

원시의 저층 늪을 그대로 간직한 우포늪은 총면적이 2,505,176㎡에 이르고, 천연 늪에는 희귀동식물이 서식하는 등 동식물의 천국이다. 우포늪은 국내 최대 규모의 자연내륙습지로, 태고의 신비를 간직한 자연생태계의 보고寶庫다.

- 우포늪: 창녕군 유어면 대대리, 세진리 일원(1,278,285㎡)
- 목포늪: 창녕군 이방면 안리 일원(530,284㎡)

- 사지포: 창녕군 대합면 주매리 일원(364,731㎡)

- 쪽지벌: 창녕군 이방면 옥천리 일원(139,626㎡)

- 산밖벌: 창녕군 유어면 세진리 일원(192,250㎡)

- 좌표: 35° 33′ N, 128° 25′ E

국내 최대最大 내륙습지內陸濕池 우포늪

우포늪은 창녕군 유어면, 이방면, 대합면, 대지면 등 네 개 면에 걸쳐 있는 총면적 2,505,176㎡(습지보호지역: 8,547,000㎡)의 끝이 보이지 않을 정도로 광활한 늪지다. 또한 800여 종의 식물류, 209종의 조류, 28종의 어류, 180종의 저서성 대형무척추동물, 17종의 포유류 등 수많은 생물이 서식하는 생태계의 보고다.

우포늪은 1997년 7월 26일 자연생태계보전지역으로 지정되었으며, 국제적으로도 1998년 3월 2일 람사르습지로 등록되었다. 그리고 1999년 2월 8일 습지보호지역으로 지정되어 관리되고 있다. 우포늪은 그 중요성 때문에 2011년 1월 13일 천연보호구역으로 지정(천연기념물 제524호)되었으며, 2012년 2월 8일에는 습지개선지역(62,940㎡) 지정 및 습지보호지역(당초 8,540㎢, 변경 8,547㎢)으로 변경되었다. 2018년 10월 25일에는 제13차 람사르협약 당사국 총회에서 세계 최초로 람사르습지도시 인증을 받았다.

우포늪과 주민 문화

2018년 창녕군 대합면 주매리 주매제방 인근 산에서 금귀고리 등 가야시대 문화재가 출토되었다.

문헌 기록

우포라는 이름이 남아 있는 제일 오래된 기록은 도호道湖 노주학盧 周學 선생의 문집《화왕산 유람기》으로, 선생의 일행 선유들이 우포 를 지나 화왕산으로 갔다는 내용이 나온다(김호일, 2018, 창녕우포늪 전자문 화지도 154~155쪽에서 인용).

"1810년 3월 15일에 복숭아꽃이 만발하고 봄옷이 당지어진 이 같은

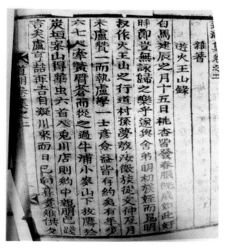

도호 노주학 선생의 문집《화왕산 유람기》

좋은 때에 어찌 바람을 쐬고 돌아오지 아니하리오? (중략) 우포 소맥산小麥山을 지나 아래로 탄원(지금의 탐하) 안산에 다다라 꿩 여섯 마리를 잡아 퇴천 주막에 들어가니 약속한 친구들이 이미 와 있었다"고 기록하고 있다.

성종조(1477)에 편찬된《동국여지승람東國輿地勝覽》창녕현편에 물슬천勿瑟川, 이지포梨旨浦, 누구택樓仇澤, 용장택龍壯澤의 기록이 나오고 순조조(1832)에 편찬된《경상도읍지慶尙道邑誌》에도 똑같이 기록되어 있으며, 철종조에 편찬된〈대동여지도大東輿地圖〉(김정호, 1861)에는 물슬천과 이지포는 지도에 나타나 있으나 누구택 대신 누포漏浦라는 지명이 나와 있다.

이들 지리지에 나오는 지명을〈동국여지도東國輿地圖〉,《경상도읍지》의 창녕현지도 및 현지형도를 근거로 분석해보면 물슬천은 지금의 토평천이며, 용장택은 현재는 개간되고 없는 대합면의 용호를 지칭하는 것으로 짐작된다.

이지梨旨라는 지명은 토평천 하류부 성산리에 이지 혹은 배말리라는 지명이 나타나 있으나, 현재 이 위치에는 소택지가 없다.《동국여지승람》에 나오는 누구택과〈대동여지도〉의 누포는 그 위치가 현 우포와 거의 일치한다.

조선시대가 끝나고 일제강점기가 시작되면서 일제에 의해 지명들이 개정되고 우포, 목포, 사지포로 명기되었다(현지 주민들은 지금도 소벌, 나무벌, 모래벌로 지칭한다). 1918년 우리나라 최초의 50,000 : 1 실사지도가 만들어져 지금과 같은 지명으로 표기되어 다행히도 우포늪 주변의 원형을 볼 수 있다. 또 같은 해에 조선총독부가 발간한《조선지지자료朝鮮地誌資料》에는 "창녕에는 천지를 제외하면 한반도에서 가장 큰 우포가 있다"는 기록이 있다(한국문화연구·부산대). 그리고 일제가 문화 정책 일환으로 1933년 '보호사적에 관한 법률'을 만들어 우포를 천연기념물 제15호로 지정해 보호했다.

1930년대

1930년대에 들어서면서 우포늪은 큰 변화를 맞게 된다. 지금의 우포늪 동쪽에 있는 대대제방을 축조해 대대들을 개간했으며, 우포늪은 3분의 1가량 줄어들어 제방이 만들어졌다.

광복 이후

1962년 12월 백조(고니) 도래지로서 천연기념물로 지정되었다가 1973년 백조가 오지 않는다는 이유로 천연기념물 지정이 해제되면서 우포늪은 또 한 번 큰 변화를 겪는다. 도시의 산업화와 농경지 확장 사업이 본격화하면서 낙동강과 토평천에 제방이 만들어지고, 주변의 우포늪과 같은 사몰포, 용호 등과 크고 작은 늪지가 대부분 농경지로 변했다.

이때부터 지역주민들과 시민단체(환경운동연합), 정부 간 갈등이 생겼다. 이용과 보전이라는 측면에서 지역주민들은 어로와 대칭이, 고동 등을 채취하며 생활해온 삶의 터전을 잃을까 우려했고, 시민단체는 보호구역으로 지정해야 한다며 목소리를 높였다.

여러 번의 공청회와 대화를 통해 1997년 7월 26일 환경부가 우포늪을 자연생태계보전지역으로 지정했고, 이듬해인 1998년 3월 2일에는 국제협약인 람사르습지로 등록되었으며, 1999년 2월 8일 습지보호지역으로 지정되었다.

그리고 정부는 습지보호지역 내에서 농사를 짓던 사유지들을 1998년부터 매입하고 환경감시원을 두어 차량 진출입을 통제하면서 불법 어로도 감시하고 있다. 현재 우포늪이 속해 있는 창녕군은 물론, 지역 주민과 민간 환경단체들도 우포늪의 보전과 관리를 위해 많은 노력을 기울이고 있다.

우포늪을 보전하기 위한 노력

우포늪은 습지를 터전 삼아 살아가는 다양한 생물의 보금자리로, 국내외에서 인정받기까지 많은 노력이 있었다.

예부터 늪(습지)이나 물에 젖어 있는 땅은 쓸모가 없는 곳으로 여겨져 공장과 농경지를 만들기 위해 개발되기도 했고, 도시화가 진행되면서 나온 각종 쓰레기가 매립되곤 했다.

우포늪도 예외는 아니어서 1930~1940년대 인공 제방을 쌓아 쌀을 생산하기 위한 논으로 만들어졌다. 1970년대에 들어서면서 개발을 목적으로 한 매립 공사가 진행되다가 비용과 기술력 부족 등으로 중지되었고, 1990년대 중반 목포늪 부근에 생활쓰레기 매립장이 조성되다가 중단되었다.

이후 시민단체와 정부가 공동으로 노력해 우포늪을 람사르습지로 등록시키려 했으나 지역주민의 반대로 무산되었고, 시민단체와 정부가 지역주민을 설득한 끝에 1997년 7월 우포늪은 자연생태계보전지역으로 지정되었다.

그 이듬해인 1998년 3월에는 물새 서식처로서 중요한 습지 보호에 관한 협약인 람사르습지로 등록되어 국내에서 두 번째로 람사르습지가 되었다.

날짜	내용
1933	천연기념물 제15호 지정(일제의 문화정책-'보호사적에 관한 법률')
1930년대	대대제방 축조(홍수 피해 방지)
1962. 12. 3.	철새도래지로서 천연기념물로 지정
1973. 7. 19.	도래하는 철새 수의 감소로 천연기념물 지정 해제
1978~1979	농어촌진흥공사 늪지 개간
1987. 2.	우포 자연생태계조사(환경부)
1993. 4.	이방면 옥천리 목포늪 일대 쓰레기 매립장 조성
1993. 6.	자연생태계 모니터링 지역으로 지정(환경부)
1996. 5.	습지보전을 위한 세미나(환경부)

1996. 8.	우포 람사르습지 토론회(경상남도)
1997. 7. 26.	우포늪 자연생태계보전지역으로 지정(환경부 고시 1997-66호)
1997. 7.	우리나라 람사르협약 가입(101번째 가입국)
1997. 10.	우포 생태계 발전 방향 세미나(경남개발연구원)
1997. 11.	우포·목포늪 생태계보전 방향 용역 완료(창녕군)
1998. 3. 2.	람사르습지로 등록
1998. 12.	생태계 특별보호구역 지정(환경부령 제20조), 생태계보전지역 중 수면 전지역(약 70만 평)
1999. 2. 8.	습지보호지역 지정(습지보전법 공포, 시행 1998. 8. 9.)
1999. 2. 27.	국제심포지엄 '람사르지역으로서의 우포습지의 생태학적 가치와 보전 방법' 개최
2002. 3.	창녕 우포늪 생태계보전지역 보전관리대책 수립 용역 완료(환경부)
2004. 12. 31.	우포늪 생태경관보전지역으로 명칭 변경
2008 이후	따오기 종 복원사업 추진 중
2011. 1. 13.	천연보호구역 지정(천연기념물 제524호)
2011. 3. 23.	우포늪 생태경관보전지역 지정 해제, 천연기념물 제524호 지정(습지보호지역으로 관리 일원화)
2012. 2. 8.	습지개선지역 지정(62,940㎡), 습지보호지역 변경(8.540㎢, 변경 8.547㎢)
2013	생태계 교란 동물 수매 사업(연중). 대상은 뉴트리아, 배스, 블루길

첫 번째로 등록된 습지는 강원도 대암산 용늪으로, 비무장지대DMZ 안에 위치한 고층습원이다. 용늪과 달리 우포늪은 시민단체(환경운동연합)의 노력으로 람사르습지가 되었으며, 낙동강을 끼고 발달한 국내 최대 내륙습지다.

자연생태계보전지역으로 지정되고 람사르습지로 등록된 이후 우포늪은 예전에 비해 훼손이 훨씬 줄어들었다. 사람의 간섭이 적어지자

이곳에서 살아가는 생물이 점점 늘어나고 있다. 담비, 삵, 수달, 가시연꽃과 마름 군락, 큰부리큰기러기 등의 기러기류와 다양한 종류의 오리류가 서식하고 있다(자료: 창녕군 우포늪생태관의 우포사이버생태공원-우포늪 변천사 등)

우포늪 복원 효과

우포늪 복원 후 효과는 다음과 같다.

- 지속가능한 보존을 위한 마스터플랜 수립
- 람사르총회 유치 및 성공적인 행사
- 성공적인 생태보전 교육장
- 초등학교 교과서부터 대학교 교재까지 소개
- 한국 대표 생태관광지로 미국 CNN 등에 소개
- 해설사, 식당 등 일자리 창출
- 도시민 휴식 장소
- 텔레비전 방송과 신문, 소셜네트워크서비스SNS 등에 홍보
- 문화 콘텐츠의 보물창고로,《마당을 나온 암탉》애니메이션, 시 사진, 춤 등

미래 과제

지속가능한 우포늪 보존을 위한 몇 가지 방안은 다음과 같다.

- 지속가능한 복원 방안 제공

- 지역주민의 혜택 증대

- 방문객 만족도 측정과 대안 제시

- 재방문율 향상을 위한 대안과 준비

- 시설 중심에서 소프트웨어 기반 대안 제시

- 차별화된 생태인문학 발굴

- 생태교육관광 방안 마련

- 서비스 질 향상을 위한 노력 제공

- 가족 중심의 다양한 체험 개발

참고문헌

Alexander, Stephon, Jazz of Physics: the Secret Link between Music and the Structure of the Universe. Tr. Noh Tae Bok, Seoul: Booki, 2018.

An, Ji Hong Chi Hong Lim Song Hie Jung A Reum Kim Chang Seok Lee. Effects of climate change on biodiversity and measures for them, Journal of Wetlands ResearchVol. 18, No. 4, November, Seoul: Scoul Women's University, 2016, pp.474−480, 2006.

Brown, Lester R., Plan (2009). B 4.0: Mobilizing to Save Civilization, Tr. Lee, Jong−Ok, Seoul: Doyosae, 2011.

Byun, Byungseol, Nature Conservation 135: 15−22; Sustainable Planning Strategies for Natural Environment Conservation. Incheon: Inha University, E−mail: byun@inha.ac.kr, 2006.

Choi, Byung−Doo & Cho, Eun−Sook (1996), Urban Environmental Question and Alternative Approach for Eco−City, Korea Urban Research Institute, Urban Study Second, 1996.

Choi, Young−Kuk, Lee, Byum Hyeon, & et. al., Spatial Development and Environmental Degradation: Countermeasures focusing on Planning Process and Institutionalization, KRIHS 2006−21. 2006, Seoul: KRIHS.

Damyang Sustainability Development Committee, 2018 Sustainability Report, 2019.

DeFries, Ruth, The Big Ratchet How Humanity Thrives in the Face of Natural Crisis, Tr. Jung Sung−Jin, Seoul: Nolwa, 2018.

Director of National Institute of Biological Resources, Biodiversity Statistics of Korea 2017, Ministry of Environment National Institute of Biological Resources National Biodiversity Center, 2018.

Edwards, Andres R., Orr, David W., The Sustainability Revolution: Portrait of a Paradigm Shift. Tr. Oh, Soo—Gil, Seoul; Systema, 2010.

Ehrlich, Paul R. & Ehrlich, Anne H., The Dominant Animal Human
Evolution and the Environment, CA: Island Press, 2008.

Environment Agency Officer, The Third Basic Plan for Conservation lf
Nature 2016~2025, 2015.

Environmental Research Development Division, 2018 Environmental
statistics yearbook vol. 31, The Ministry of Environment, 2019.

Haggith, Mandy (2009), St Martins Pr, Paper Trails (Paperback) From
Trees to Trash—the True Cost of Paper, Tr. Lee Gyeong—Ah, Seoul:
Sangsaneuisoop, 2009.

Hubbard, Ruth, (The) Politics of Women's Biology. Tr. Kim, Mi—Sook,
Seould: Ewha Womans University Press, 1999.

IUCN. Data of the World Commission on Protected Areas (WCPA), https://
www.iucn.org/news/protected—areas/201910/dr—robert—wallace—
innovator. biodiversity—and—conservation—wins—2019—kenton—
miller—award.

Jones, Aurelia Louise, Revelations of the New Lemuria (TELOS, Vol.1),
Mount Shasta Light Publishing, 2004.

Jung, Hong—Kyu, The Ecological Consciousness of Korea Catholic Church,
Daegu: Hakisa, 2015.

Kang, Sin—Ho, Appropriate Technology and Its Practical Values, Alternative
Energy Laboratory Inc.

Korea Energy Management Corporation, 2018 Briefing of Issues of Energy,
Korea.

Kim, Chang—Hoe, Kang, Jong—Hyun, & Kim, Myung—Jin, Status and
Development of National Ecosystem Survey in Korea, Nature
Conservation Research Division, National Institute of Environmental
Research (Manuscript received 2 October 2013; accepted 23 October
2013).

Kim, Hee-Kang, Objectives of a Sustainable Development: Discussion Countermeasure and a Study of Development Strategy, Korean Society for Political Thought, 2012.

Kim, Hyung-Joo, Climate Change; Climate Technology; Mitigation; Adaptation; Technology Convergence, Policy Review 2017-26, Green Technology Center, 2018.

Kim, Jung-Wook, Let's Prepare for a Climate Change: for the World without Waste. The Korean National Council for Conservation of Nature, 2018.

Kim, Kyeong-Ryul, Understandings of the Earth Environment. Seoul: FreeAcademy, 2008.

Kim, Kyu-Won, Current Status of Plastic Pollution and the Scientific Policy to Solve this Problem, The Korean Academy of Science and Technology, 2018.

Kim, Soo-Hyun, Small Research, Seoul: The Seoul Institute, 2014.

Kim, Sung-Bae, Preventing the Spread of Garbage Patch through Environmental Regulation, UCI vol. 34, no.2, Korean Environmental Law Association. 2012.

Kim, Young-Keon, Thoughts to Change the World: A Change of the Consumers in Green Society, Korea Institute for Advancement of Technology Technical Strategy Team, 2010.

Kim, Young-Min, Environment and Green Growth, Seoul: Kyohaksa, 2009.

King, et al., Journal of Environmental Impact Assessment. Volume 22 Issue 6, Korean Society of Environmental Impact Assessment, 2012.

Korea Weather Forecast Office, Weather Report 2018.

Lee, Byung-Wook, Lee Dong-Hyeon, & et. al., (2017), Our Future, Environment is Answer, Seoul: Free Economy Life, 2017.

Lee, Hyeon-Woo, A Study on the Establishment of Basic Policy for Conservation of Natural Environment, Korea Environment Institute, 2014.

Lee, Jang-Mok, Development of Concrete Exterior Wall Block Equipped with Self-Purification Function and Air Purification Function, KCMIC, 2008.

Lee, Jun-Seo, A Concept of Natural Environment and Its Limitation in Environmental Law, Environmental Law Review 2009, vol.31, no.3, Seoul: Korean Environmental Law Association, 2009.

Lee, So-Ra, Shin Sang-Cheol, & Park Hyo-Jun, Revitalization of the Recycling Industry to Promote the Transition to a Resource Recycling Society: Impact Analysis of the Revised Recycling Management System, KEI 2016-09, Korea Environment Institute, 2016.

Lee, Sun-Ho, Hwang Jin-Young, Does Environment Pollution Effect on Health Expenditure in Korea? : An Empirical Analysis Using Panel Data of a Metropolitan City, Health and Social Welfare Review 31(4): 382-404, 2011.

Leopold, Aldo, "The Varmint Question", in The River of the Mother of God and Other Essays by Aldo Leopold, Ed. S. Flader & J. Callicott, Madison: Univ. of Wisconsin Press, 1991.

Lim, Sang-Chul, Understandings of Wetland Plants, Sanji University, Lecture Note from Landscape Architecture Department.

Meadows, Donella H., Randers, Jorgen, & Meadows, Dennis, The Limits to Growth: The 30 Year Global Update, White River Junction, Vermont: Chelsea Green Publishing Company, 2004.

_____, Beyond the Limit, Global Collapse or a Sustainable Future, London: Earthscan Publications Limited, 1992.

_____, The Dynamics of Growth in a Finite World, Cambridge: Wright-Allen Press, 1974.

Ministry of Environment, Job Manual for the Construction Project of Eco-Friendly Energy Town, 2019.

Ministry of Environment, Nature Conservation Bureau, The Third Nature

Conservation Basic Plans for 2016~2025.

Ministry of Environment, The UN Sustainable Development Goals. Transformation of our World: The 2030 Agenda for Sustainable Development. (ecolibrary.me.go.kr knps search Detail View)

Ministry of the Interior, Nature Conservation White Paper 1979 & 1980.

Nam Song-Hee, Park Young-Bae, Jae Gung-Young, Forest & forestry Technique, The Korea Forest Service Civil Owned Forest Supporting Division, Samjeong Print Corp., 2000.

National Centers for Environmental Information, State of the Climate: Global Climate Report for July 2019, published online August 2019, retrieved on October 29, 2019 from https://www.ncdc.noaa.gov/sotc/global/201907.

Noothout, Paul, Schäfer, Moritz, Spöttle, Matthias, Whiriskey, Keith, Climate Change, 09/2019 Environmental Research of the Federal Ministry for the Environment, Nature Conservation and Nuclear Safety Project No. (FKZ) 3715 41 108 0 Report No. FB000021/ENG Assessment of bio-CCS in 2℃ Compatible Scenarios Final Report, 2019.

National Sustainable Development Committee, 50 Simple Steps to Save the Earth from Globle Warming, Green Patriot Working Group, Seoul: Doyosae, 2009.

Oh, Jung-Ik, A Study on Commercialization of Zero Food Waste House System Using Ferment and Annihilation Technology, Land & Housing Institute, 2011.

Park, Su-Jin, Choi, Seok-Mun, & Choi, Dae-Kyung, The Policy Direction for National Implementation of SDGs in Maritime Sector-Korea Legislation Research Institute, 2018.

Reay, Dave, Climate Change Begins at Home (Hard Cover), Life on the Two-way Street of Global Warming, Tr. Lee Han-Joong, Seoul: Bada

Publishing Co., 2007.

Rho, Jong-Hwan, An Inconvenient Story about UNFCCC, Pajoo: Hanwool Academy, 2014.

Schaeffer, Francis, "The Historical Roots of our Ecological crisis", in Pollution and the Death of Man, 1977.

Smil, Vaclav, Energy at the Crossroads: Global Perspectives and Uncertainties, Tr. Her, Eun-Nyeong, Kim, Tae-Yoo, Lee, Soo-Gap (2008), Pajoo: Changbi, 2003.

Suk, Hyeon-Ho, Park Gyeong-Sook, Jang Ji-Yeon, & Kang Sang-Jin, Korean Social Trends, Statistical Research Institute(SRI), 2008.

Tansley, Arthur George, "The Use and Abuse of Vegetational Terms and Concepts". Ecology 16 (3): 284-307. JSTOR, 1935.

The Thirteenth Meeting of the Conference of the Parties to te Convention on Biological Diversity (CBD COP13). Wordtopia, Tr. Kwak Myeong-Hae, Lee Eun-Sil, Kim, I-Jin, Lee Joo-Hwa, The Ministry of Environment, National Institute of Biological Resources.

The UN, The UN Sustainable Development Goals 2018, p.11,/The Sustainable Development Goals Report 2018-EN.pdf.

Yang, Byung-I, Environmental Conformity Assessment for a Sustainable Development, Journal of Environmental Studies vol. 31, Seoul: Seoul National University, 1993.

Yoo, Won-Ki, The Problem of Teleology and Prohairesis in Aristotle. The Society of Philosophical Studies, Journal of The Society of Philosophical Studies, vol.51, 91-113 (23), 2000.

Yoon, Ho-Chang, A Study of Actualization of the Resident-Participation-Type Resource Reuse & Recycling Center, National Green Shop Movement Association, 2014.

Yoon, Hyo-Nyeong, The 19 Century Natural Science & View of Nature, Seoul; Seoul National University, 1997.

WWF, Our Future, SDGs: The Importance of Environmental Aspects in the
New International Development Agenda ⓒ Text and graphics, 2016.
井上智彦, 世界の環境都市を行, 岩波書店, Tr. Yoo Young-Cho (2004), Seoul:
Sakyejul, 2002.

참고 인터넷 사이트

http://www.knccn.org/default
https://www.hankookilbo.com/News/Read/201906200937730372?did=NA&
amp;dtype=&dtypecode=&prnewsid
https://ko.wikipedia.org/wiki
http://www.idaegu.co.kr
https://species.nibr.go.kr, For Endangered Species in Korea
https://ko.wikipedia.org
http://www.me.go.kr
https://designrt.tistory.com/32
https://www.hankookilbo.com
http://www.idaegu.co.kr
http://www.archives.go.kr
http://www.imaeil.com/sub_news/sub_news_view.php?news_id=21393&yy=
2016
두산백과
우포늪 홈페이지
연합뉴스
http://tip.daum.net/question/83550633
중앙일보
http://blog.naver.com/greenstartkr/220291827159

자연이 살아야
우리가 산다

초판 1쇄 인쇄 2020년 12월 10일
초판 1쇄 발행 2020년 12월 15일

지은이 신경용
펴낸이 우문식
펴낸곳 물푸레

등록번호 제1072호
등록일자 1994년 11월 11일
주소 경기도 안양시 동안구 시민대로 230 아크로 타워 D동 1251호
전화 031-453-3211
팩스 031-458-0097
홈페이지 www.mulpure.com
이메일 mpr@mulpure.com
저작권자 ⓒ 2020, 신경용

정가 17,000원
ISBN : 978-89-8110-337-8 13370